U0121375

大展好書 好書大展

大展好書 好書大展

家庭醫學保健
59

1天10分鐘的
健康太極拳

麻生秋子／著
劉 小 惠／譯

本書的使用方法

■本書是作者基於長年的太極拳生活中所得到的太極拳真髓，嚴格挑選出簡單易學，有助於提高健康效果的太極拳，編成一天只要花十分鐘就能得到健康的太極拳。

①首先，仔細閱讀第一章及第二章。

②開始初級課程。初期課程包括「意念青春」、「站樁功」和「致虛守精」。一天進行十分鐘。

③雖然具有個人差異，但是，大約過了二週到一個月完成之後，就進入中級課程。接下來閱讀「眼睛放鬆法」與第三章「對身心有效的太極拳放鬆法」，搭配組合以提高太極拳的效果。可以配合自己身體的疲倦及疼痛程度來選擇。

但是，健康太極拳只要學習初級課程，就具有充分的效果，忙碌的人或是認為中級課程困難的人，可持續進行初級課程。

④學會初級課程的人請進入中級課程。中級課程除了初級課程所進行的「站樁功」、「意念青春」和「致虛守精」之外，還加入「預備姿勢」、「起勢」、「左攬雀尾」、「右攬雀尾」、「收勢」。首先從「預備姿勢」開始進行初級課程之後，再進行「左攬雀尾」、「右攬雀尾」、「收勢」的練習。

身體疲倦或疼痛的人，可搭配「眼睛放鬆法」與第三章「對身心有效的太極拳放鬆法」，以提高效果。

■第四章到第八章可當成參考。

第 1 章

一天 10 分鐘任何人都能進行的健康太極拳

一天十分鐘的太極拳使你得到健康

據說太極拳的歷史長達三百五十年，其背景包括中國五千年的歷史。太極拳的動作在攤開手時如鶴般的優閒，落腰前進的姿勢就像在地上爬行的蛇一樣。

太極拳分為陳式、楊式、吳式、武式、孫式五種流派，各有許多套路（進行式的順序）。在日本最普遍的是楊式太極拳，分為二十四式、四十式、八十五式、五十八式劍……，是由一些型的組合所構成的，每一種都很好，對於初學者而言，學會所有項目非常花時間。如果以健康為第一目的而開始進行的人，學習許多式之前先學會基本項目非常有效。

太極拳的基本之中，有很多對於現代生活有益的項目。本章暫不討論太極拳的基本，介紹現代人所需要的創造體力、放鬆的方法。

為了得到健康，最重要的就是要每天鍛鍊。一天中談論多次太極拳，或在腦海中思考，但是，不實際進行就沒有任何意義。

一天花十分鐘利用太極拳放鬆身心，過著健康的生活吧！

指導：麻生秋子老師

健康太極拳課程

初級課程

首次學習太極拳的人，必須從以下課程開始。

「意念青春」與「站樁功」（平氣樁、開合樁、升降樁）和「致虛守精」合為一套，一天進行十分鐘。

剛開始時也許做得不順暢，但是不要焦躁，每天持續進行，一定能使技巧純熟，獲得健康。

技巧純熟後，就可以進入中級課程。

①意念青春

②平氣樁

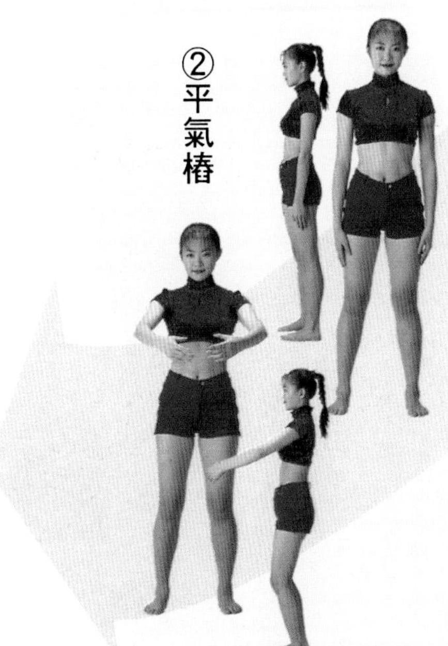

⑤致虛守精
④升降樁
③開合樁

中級課程

在初期課程中進行的「意念青春」、「站樁功」及「致虛守精」中加入「預備姿勢」、「起勢」、「左攬雀尾」、「右攬雀尾」、「收勢」。

進行順利之後，再搭配「眼睛放鬆法」（三十六～四十頁）一起進行更有效果。

這些課程一天進行十分鐘，儘可能每天持續進行。

③平氣樁

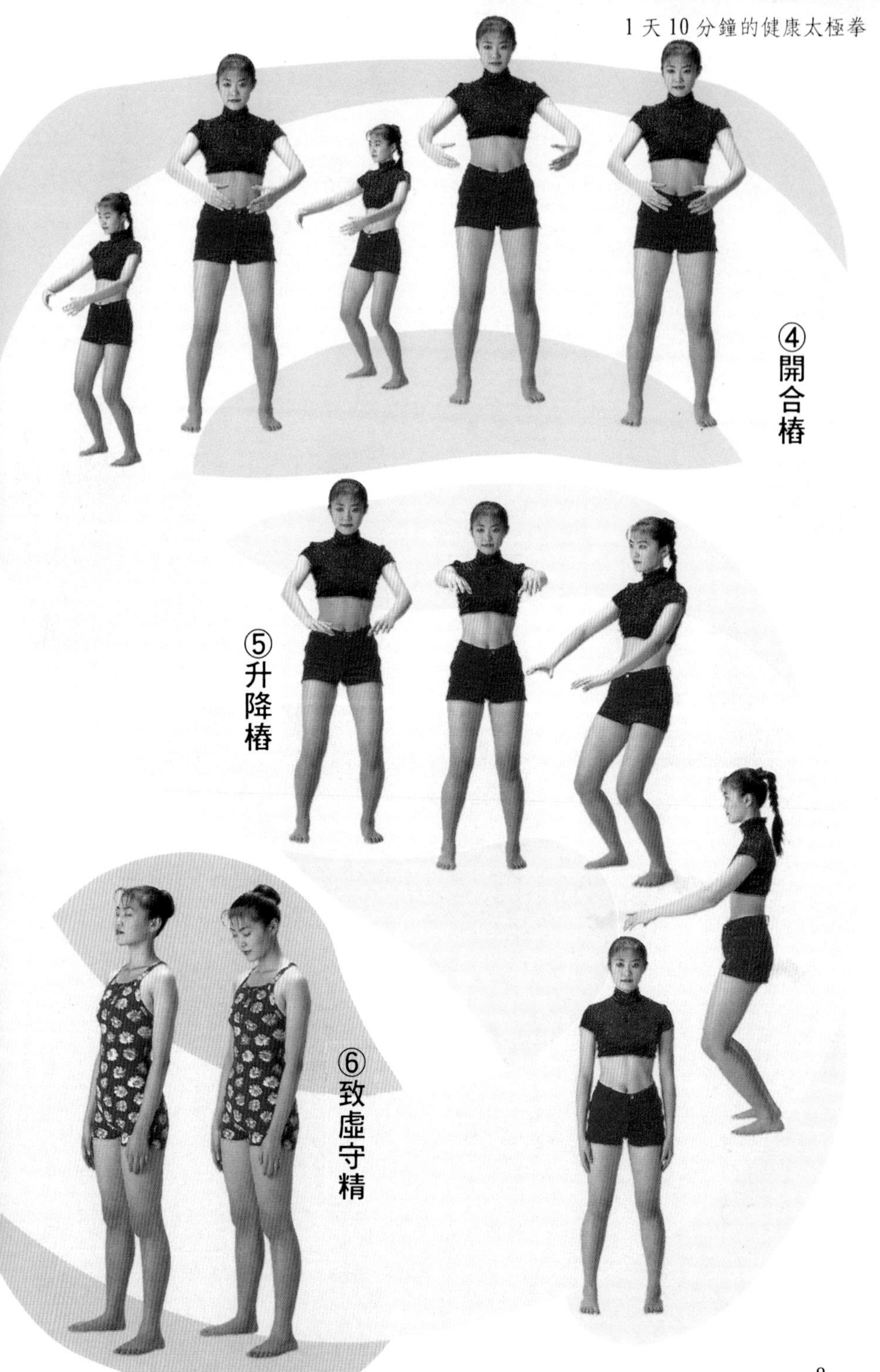
④開合樁
⑤升降樁
⑥致虛守精

⑧左攬雀尾
⑦起勢

⑨右攬雀尾

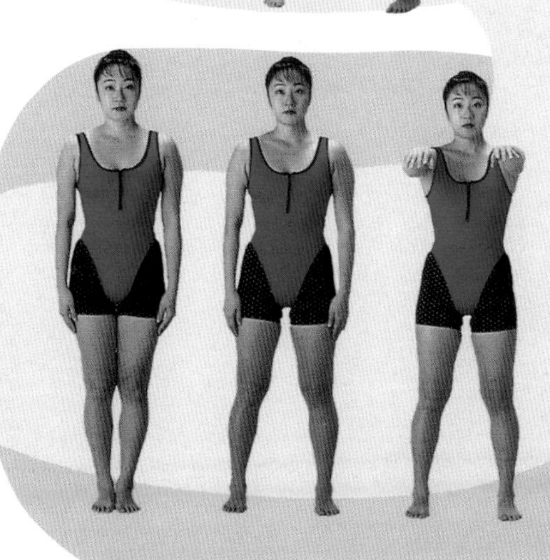

⑩收勢

任何人都能立刻學會的健康太極拳・站椿功

①平氣椿——對於壓力、自律神經失調症有效

站椿功的基本姿勢

站椿功就好像在大地紮根的樹木殘株，或建立家園時固定在地面上的木頭地基一樣。

站椿功是站在那兒不動。為中國武術的身心健康法，成為肌力、平衡感覺、精神修養的基礎。

放鬆膝、股關節落腰，簡單的動作與呼吸合為一體而進行，不只是足、腰的肌肉、連胸、腋下、肩、手肘、手腕、手指全身都能鍛鍊。

別名立禪，也算是一種心靈的鍛鍊。

●平氣椿的動作與效果

腳張開如肩寬，放鬆膝和股關節落腰，兩腳腳趾好像牢牢抓住地面似地，保持穩定感。為避免成為內八字的站姿，盡可能使大腿呈圓形，膝朝腳尖的方向彎曲，筆直地支撐上半身，腰不要用力，使下半身充實。

這時，全身的關節自然放鬆。不要勉強持續進行。輕輕閉上眼睛，想像自己好像和一根大樹成為一體似的進行，到目前為止的姿勢與站椿功共通。平氣椿對於壓力所引起的自律神經失調症有效。

●平氣樁

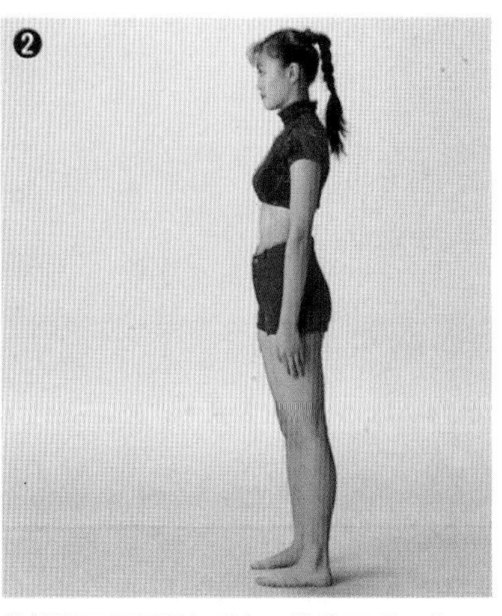

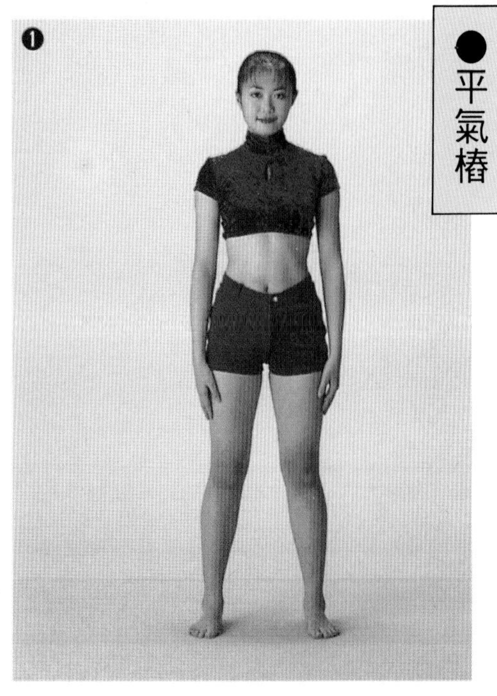

①雙腳平行張開如肩寬，雙臂下垂、收下顎，自然站立，看著前方。
②從側面看①的狀態，頭和頸部保持放鬆。
③兩膝放鬆，雙手上抬到腰的高度，手掌朝向臍下丹田，好像抱球似的姿勢。手指形成虎口（拇指與食指成圓形），自然張開、肩膀下沈、落肘。眼睛看著前方或指尖，也可以輕輕閉上。呼吸法採腹式呼吸的方式，從口細長地吐氣，由鼻子吸氣，當成一次的呼吸，共進行8次。
④從側面看③的狀態。上半身、臀部、背部、後頭部成一直線。

任何人都能立刻學會的健康太極拳・站樁功

②開合樁——促進全身血液循環

呼吸和手的動作要保持協調，進行八次腹式呼吸。呼吸淺促時動作也會加快，持續練習時呼吸加深，動作也會變得緩和。

開合樁能增加肺活量，促進全身血液循環，藉此消除呼吸器官的局部瘀血現象。

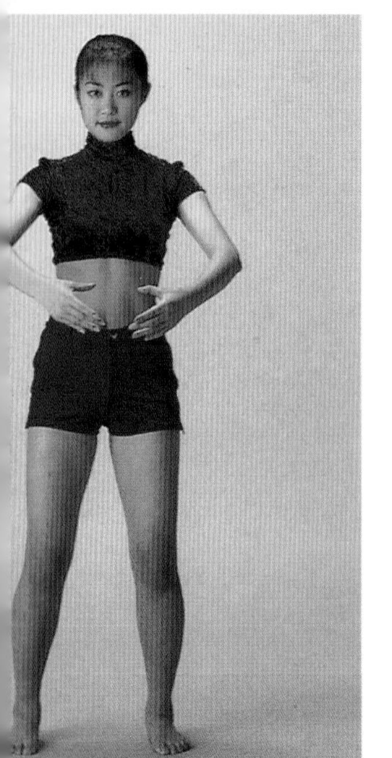

●開合樁的動作與效果

平氣樁的姿勢中加入手臂的動作。好像抱球的動作、吐氣。然後由鼻子一邊吸氣、一邊張開手臂，從口中吐氣並還原。

抱著的球會變大變小，這時雙手的手掌對合進行這個動作。

①從平氣樁結束的姿勢開始。看著前方，口中吐出細長的氣息。

●開合樁

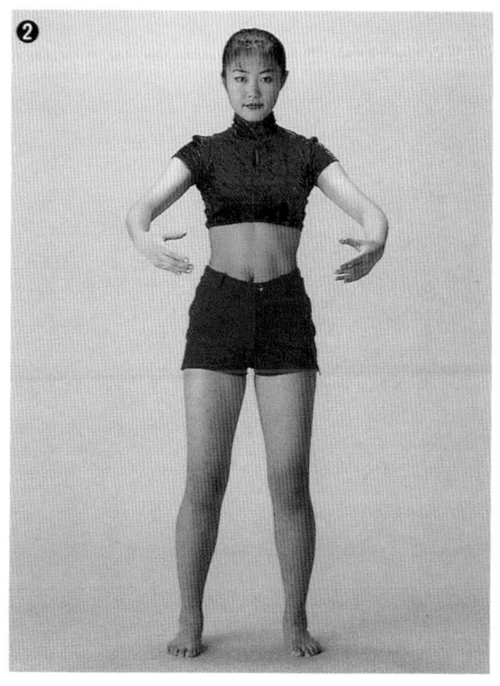

②從鼻子一邊吸氣，同時雙手手掌對合，朝左右張開。手張開好像抱著球變大似的。呼吸法為①的吐氣，②的吸氣合為一次，共進行 8 次。

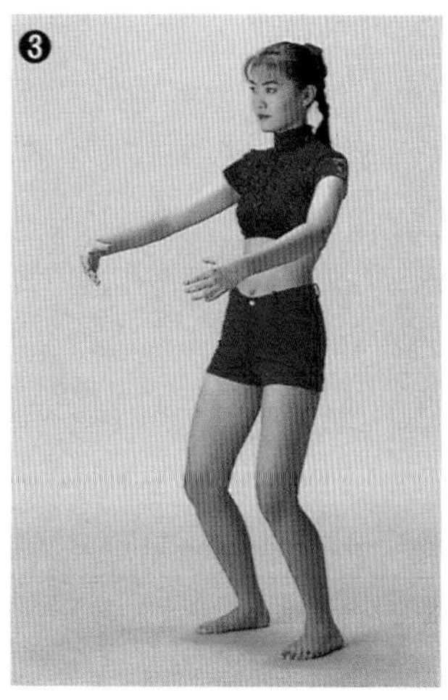

③從側面看②的狀態。不要收縮腋下，張開一個拳頭寬的間隔。

④從口中吐出細長的氣息，同時雙手手掌對合，感覺好像抱著的球縮小似的。

⑤從側面看④的狀態。不要緊縮腋下，張開一個拳頭的距離。

任何人都能立刻學會的健康太極拳・站樁功

③升降樁

——使胃腸功能旺盛

升降樁的動作與效果

開合樁必須注意呼吸和手的動作之協調，升降樁則要加入腳的動作。

從開合樁結束的姿勢開始，手掌朝下，由口中吐氣。接著由鼻子吸氣，同時兩膝慢慢伸直。同時，手伸向前方，上抬到肩膀的高度。其次由口中吐氣，兩膝慢慢彎曲，同時手肘朝下放鬆，手掌下壓到腰的高度。進行八次腹式呼吸。

上身經常保持挺直，曲膝時注意臀部不要突出。此外，膝的彎曲度絕對不要勉強，必須配合體調調節。

升降樁藉由呼吸使橫隔膜的振幅增大，具有對消化器官系統的壓縮按摩作用，具有促進胃腸蠕動運動旺盛的效果。

③從口中吐出細長的氣息，同時放鬆膝和肘，手掌下降到腰的高度。次數與平氣樁、開合樁相同，進行8次腹式呼吸。
④從側面看③的狀態。好像在水中將球往下壓似的。膝朝腳尖的方向彎曲。注意不要變成內八字。

①開合樁結束後手掌朝下，同時口中吐出細長的氣息。
②從鼻子吸氣同時兩膝慢慢伸直，同時手臂伸向前方，上抬到肩膀的高度。

●升降樁

⑤升降樁結束後，自然伸直膝，雙手放下。

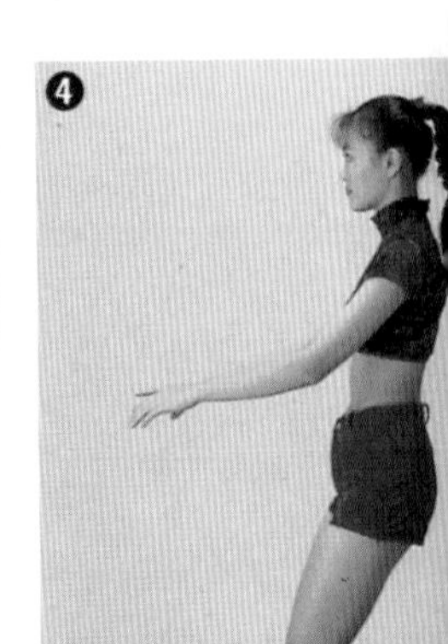

隨時隨地都能輕鬆進行 健康太極拳

最適合創造健康的太極拳 攬雀尾

太極拳有一些流派，各自具有不同的特色。整理、編輯傳統太極拳的基礎，形成簡化二十四式太極拳、楊式四十式太極拳、四十八式太極拳等，尤其簡化二十四式太極拳已經在日本紮根了。

但是，即使簡化，還是包含一些重要的太極拳基本技巧在內，將這個由菁華技巧所構成的二十四式太極拳，納入每天創造健康的活動中練習，需要堅強的信念及寬裕的時間。在此將重點置於任何人都能輕鬆進行的方式，介紹太極拳的代表一式——攬雀尾，當成健康太極拳加以練習。

不僅能創造每天的健康，同時對於想要執著於某事而建立自信的人而言是最好的方法。不需要花很多時間，最重要的一點是要每天進行。越鍛鍊越能了解其深奧的世界，同時擴展自己的世界。

①預備姿勢——使情緒穩定、身體放鬆

●預備姿勢

①雙腳併攏，雙手手指自然伸直貼於兩側，自然站立。收下顎，頭和脖子放鬆，看著正面。

②兩膝放鬆後將全身的體重置於右腳，左腳從腳跟開始離地，張開如肩寬之後依照腳尖腳跟的順序將體重置於左腳，筆直站立。兩膝不要過於挺直，稍微放鬆即可。

●預備姿勢的做法與效果

預備姿勢是在進入基本姿勢之前的身心準備，要使情緒穩定、身體放鬆。排除雜念、集中精神，採用自然的腹式呼吸，暫時保持這個狀態，而後進入基本動作。

腳張開如肩寬時的重心移動，一定要慢慢清楚地進行。

②起勢——太極拳的基本動作

●起勢

①放鬆肩膀、手肘、手腕、手指的力量，手慢慢地往前推出。

②雙手張開如肩寬，朝前方上抬至肩膀的高度。手肘不要過度挺直，可稍微放鬆。

起勢的做法與效果

起勢是太極拳最基本的動作。收下顎，頭和脖子保持筆直，膝稍微彎曲，成中腰姿勢。放鬆全身的力量，以自然的姿勢集中精神。

曲膝，雙手好像往下壓似地，但這時臀部往往會突出、上身前傾，或是向後仰而腹部突出的狀態，必須注意。此外，落肩、落肘也很重要，如果手肘上抬或肩部上抬會造成緊張。

太極拳除了少數的型之

③放鬆兩膝、股關節，同時雙手手掌朝下，慢慢地放下。

④雙手在腰的高度往下壓（※手要抬得比照片更高些）。

外，大都以曲膝的中腰狀態進行的。而曲膝的程度，以起勢的彎曲狀態為基本方式，從開始到結束為止，身體保持同樣的高度很重要，絕對要避免突然抬高、放低的起伏動作。

因此，起勢時必須配合體調而判斷膝彎曲的程度。年輕人有腳力，可以稍微低沈進行，而年長、無腳力的人，或身體較弱的人不要勉強，以稍高的姿勢進行較好。不論低姿勢或高姿勢，持續練習之後自然就會擁有腳力和體力。

③攬雀尾——最適合當成健康法的太極拳

攬雀尾是代表性的健康太極拳

太極拳的起源說是十四世紀時的張三豐在武當山修行時，研究太極陰陽的道理，觀察孔雀和蛇相爭的狀態，同時探求鶴、龜長壽的秘密，而創出太極拳。

在優雅的動作中可以看到太極拳毅然的態度及呼吸的原點。

太極拳目前在國內是非常普偏的健康法，其本質就像武術、拳法一樣，也有攻防格鬥。而代表性的就是推手，這是二個人使用掤、捋、擠、按四種手法反覆進行攻防的練習。攬雀尾則是假想有一個對手，自己進行傳統手法掤、捋、擠、按的太極拳。

掤就是用手或手臂阻止對方前進，隨著對方的動作而展現動作方式。捋則是利用對方前進攻擊的威力，將其拉向後方，使對方的姿勢紊亂。擠則是雙臂靠近對方，趁對方退到後方威力喪失時，朝前推進的動作。而按則是雙手吸住對方的力量，使這個力量消失，趁機將對方推出的手法。

此處所介紹的攬雀尾是一種健康法太極拳。不要將其想得太困難，當成太極拳的代表型而練習就可以了。

左攬雀尾

①放鬆右膝，將全身體重置於右腳，同時左腳靠向右腳內側。右手抱住上方的球朝向身體的正面。

②腰朝左轉，膝朝向進行的方向，腳尖朝向正面稍微偏左的方向，從腳跟開始踏出一步。這時手仍然抱著球，保持自然的姿勢。

③伸直右膝同時左膝彎曲。左手手肘下沈，手腕內側好像帶到身體的正面似的，指尖稍微朝上斜右上方。右手指尖朝前方在股關節的高度，比身體稍微靠向右側的位置。

●左攬雀尾與右攬雀尾合成一套進行

首先，進行動作時不可以閉氣，要保持自然的呼吸。上身不可以過度前傾或後仰，避免腹部或臀部突出。盡量減少身體的起伏。

重點在於身體移動。重心朝前移動時，後腳伸直、上身抬高，前膝彎曲時再放低，重心移到後方時，先前腳伸直、上身抬高，彎曲後腳時上身放低，以這種方式形成起伏。消除起伏的狀態，提高身體的柔軟性非常重要。參考第三章，使腰的旋轉順暢，使股關節的根部放鬆，使膝放鬆都是有效的方法。

左攬雀尾與右攬雀尾只是左右相反而已，內容完全相同。

●左攬雀尾

④腰朝左轉，左手伸向左腳的前上方，手掌朝下。右手手掌稍微朝上，置於左胸前。

⑤放鬆右膝，股關節稍微張開，同時腰朝右轉。

⑧重心置於右腳，腰朝左轉，右手臂手肘彎曲，手掌朝向臉的方向。

⑨右腳保持身體的重心，腰朝左轉面對正面。右手手掌與左手腕內側交疊，置於身體的正面。

⑥腰再向右轉，收雙手。重心平均置於左右腳。

⑦腰再向右轉，順勢將重心置於右腳。右手一邊畫弧一邊將手腕伸到肩膀的高度，手掌朝上。左手置於右胸前。

⑩伸直右膝同時彎曲左膝。這時用右手按壓左手手腕。手肘伸直但不可以過度挺直。

⑪右手將左手上方拂向前方，雙手手掌朝下，張開如肩寬。

●左攬雀尾

⑫重心移到右腳，同時左腳腳尖上抬，雙手手肘放鬆，拉向肩膀前方。

⑬重心置於右腳，雙手下壓到腰的位置，雙手朝前方推出。

眺望黃河。就好像太極拳般，慢慢流動。

⑭伸直右膝，彎曲左膝，同時雙手往上推似地伸向前方。手腕的高度與肩膀成水平（※手肘可以比照片更放鬆一些）。

⑮雙手手掌朝下，放鬆右膝，重心置於右腳。

⑯如⑮所示，重心仍置於右腳，腰朝右旋轉 90 度，左腳腳尖放下。

右攬雀尾

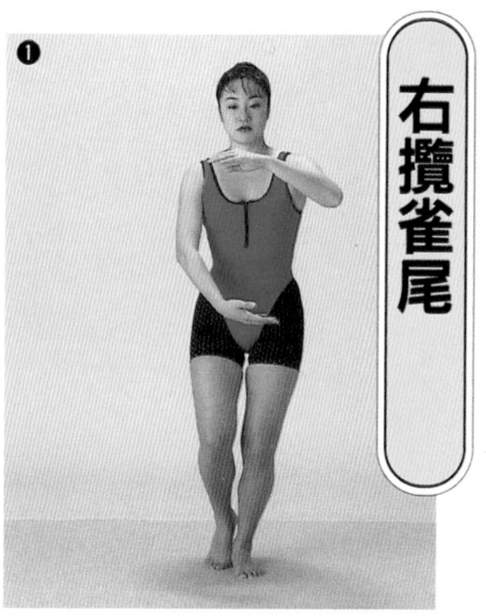

①放鬆左膝重心置於左腳，右腳靠向左腳內側。左手抱著上方的球朝向身體的正面。

②腰朝右轉，膝朝向進行的方向，腳尖朝向正面，從腳跟開始踏出一步。這時手保持抱球的自然姿勢。

⑤放鬆左膝股關節稍微張開，腰朝左轉。

⑥腰再朝左轉雙手收回。重心平均置於雙腳。

③左膝伸直同時右膝彎曲。右手手肘下沈，手腕內側朝向身體正面，指尖稍微朝向左斜上方。左手指尖朝向前方，在股關節的高度稍微置於身體左側的位置。

④腰順勢朝右轉，右手伸向右腳前上方，手掌朝下。左手手掌稍微朝上置於右胸前。

⑦腰再向左轉，重心置於左腳。左手好像畫弧似的手腕上抬到肩膀的高度，手掌朝上。右手置於左胸前方。

⑧重心置於左腳，腰朝右轉。左手臂手肘彎曲，手掌朝向臉的方向。

●右攬雀尾

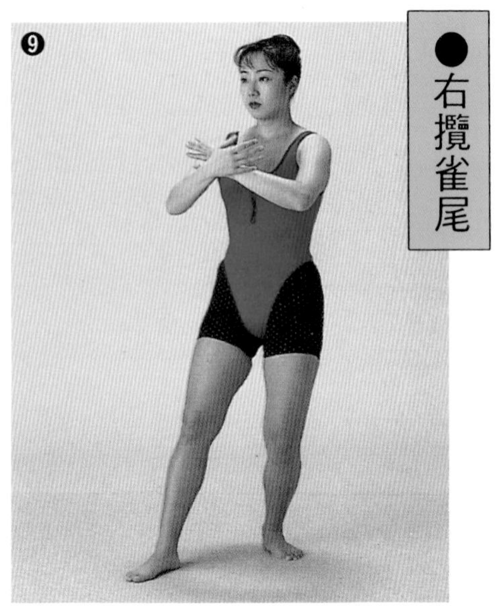

⑨重心仍然置於左腳，腰朝右轉朝向正面。左手手掌與右手手腕的內側交疊，擺在身體的正面。

⑩伸直左膝同時彎曲右膝，這時用左手按壓右手手腕。

⑬重心仍然置於左腳，雙手下壓到腰的位置，雙手好像朝前方推出似的。

⑭伸直左膝，彎曲右膝，同時雙手往上推伸向前方。手腕的高度與肩膀保持水平。

⑪左手將右手上方拂向前方，同時雙手手掌朝下，張開如肩寬。

⑫重心移到左腳，同時右腳腳尖上抬。雙手手肘放鬆，拉到肩膀前方。

⑮雙手手掌朝下，放鬆左膝體重置於左腳。

⑯如⑮所示，重心仍然置於左腳，腰左轉 90 度，右腳腳尖朝正面放下。

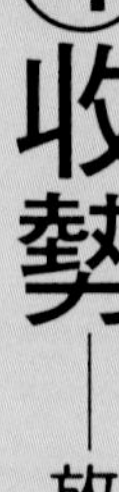

④收勢——放鬆結束太極拳的姿勢

●收勢的動作與重點

收勢是結束的姿勢。雙手慢慢放下，同時氣好像往下降似的。自然地放鬆而收勢。

●收勢

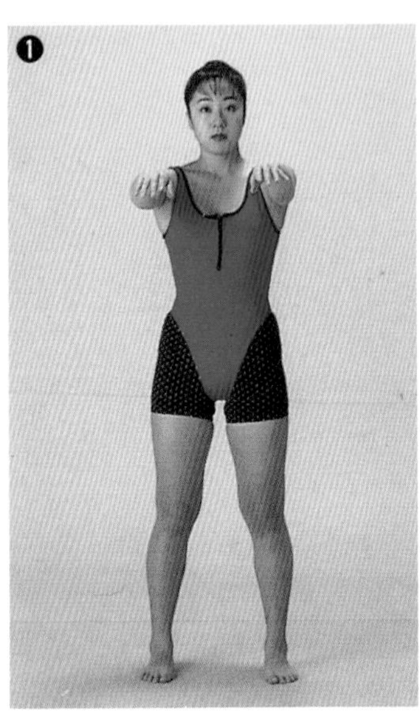

①從右攬雀尾的⑯(31頁)的姿勢開始，重心置於右腳，左腳靠攏雙腳張開如肩寬平行。

②雙手手肘放鬆，置於兩側。

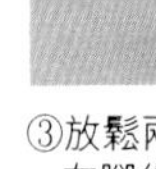

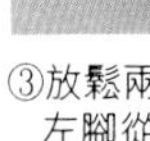

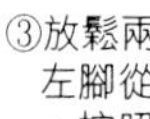

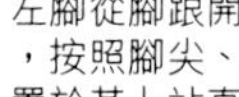

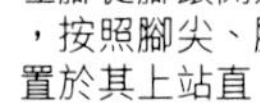

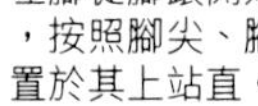

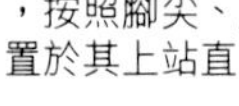

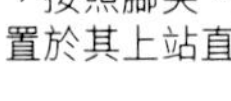

③放鬆兩膝，同時重心置於右腳，左腳從腳跟開始離地，靠向右腳，按照腳尖、腳跟的順序將重心置於其上站直。

有助於放鬆的簡單太極拳

意念青春與致虛守精

一天三分鐘得到心情安定的太極拳

我們的日常生活經常會被各種迷惘包圍，周圍的動態會影響心靈的動向。有時必須面對自己醜惡的心，這也是一種健康法。太極拳所尋求的就是心情的安定。心靜才能使意識集中，才能看清楚下一步該怎麼走。一天持續進行一～三分鐘，就能使心情安定。

①意念青春——放鬆的心理狀態

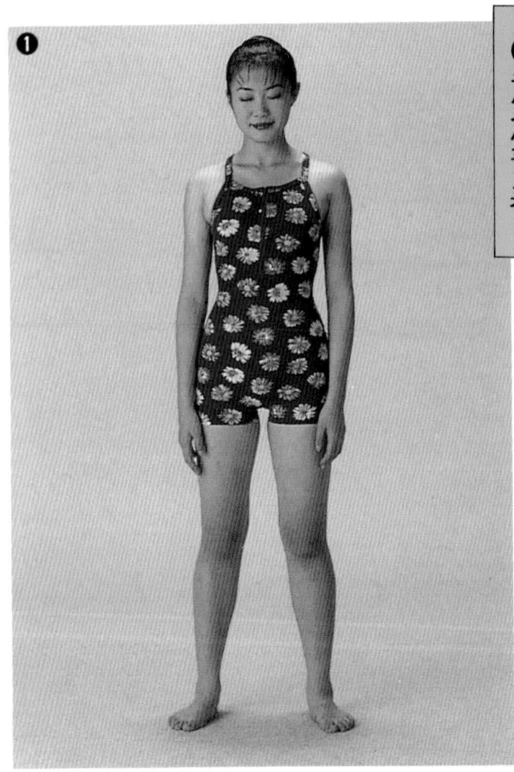

●意念青春

①腳輕鬆地張開，筆直站立，輕輕閉上眼睛，微笑地去除臉部的緊張，同時想像青春時代快樂的時光。開始時可能只能集中精神 30 秒，但是習慣之後可以進行 1～3 分鐘。

●意念青春的動作與效果

放鬆肩膀、手臂的力量，放鬆頸部的緊張。去除眉間的皺紋、保持微笑。去除緊張就能放鬆心情的緊張。輕輕閉上眼睛，想像青春時代最快樂的事情，或是想像自己站在汪洋大海前，在燦爛的春光中悠閒的光景，藉由穩定的心理狀態才能改善情緒的紊亂，杜絕因為壓力而對內臟造成的不良影響。

最初只要花三十秒鐘集中精神就夠了，慢慢地將時間延長為一分鐘、三分鐘。如果站著進行覺得困難時，也可以坐著進行。

②致虛守精——無我的境地

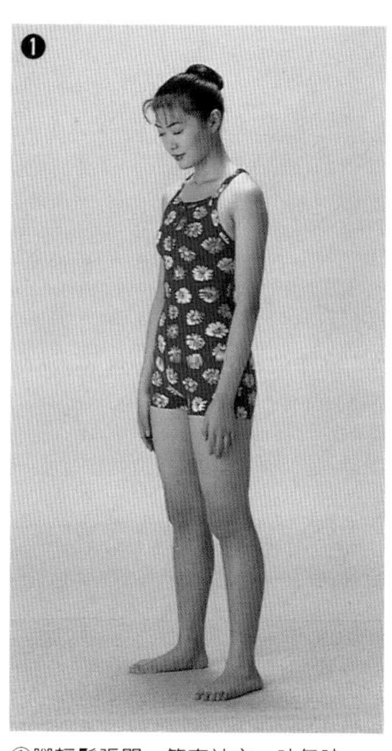

①腳輕鬆張開，筆直站立。吐氣時心中默唸「鬆」，放鬆身體無用的力量，下顎稍微下垂進行。

②吸氣時心中默唸「靜」，舒適地進行。下顎稍微上抬。鬆、靜為一次，共進行 8 次。

致虛守精的動作與效果

腦中想著老子的思想——清靜無為、無我執、無所有、無差別。也就是以無我的境界為理想，但是我們要進入這個境地畢竟不是簡單的事情。

這時，吐氣時可以在心中默唸「鬆」，吸氣時在心中默唸「靜」。默唸「鬆」吐氣能放鬆全身的力量。一些經常害羞的人藉著致虛守精的鍛鍊，氣沈丹田，就變成不容易害羞了。如果站著進行覺得困難時，可以坐著或躺著進行。

利用太極拳進行的放鬆法

眼睛的放鬆

由於電腦等ＯＡ機器普及，不只是工作場所，連家庭中都出現過度使用眼睛的狀態。孩子很喜歡打電動玩具，甚至出現「電動玩具症候群」這種字眼，眼睛的環境不斷地惡化。

過度使用眼睛後，不知不覺地覺得眼睛疲勞、頭痛、肩膀痠痛等現象出現了。太極拳的眼法很簡單，具有速效性，對於使眼睛放鬆非常有效。

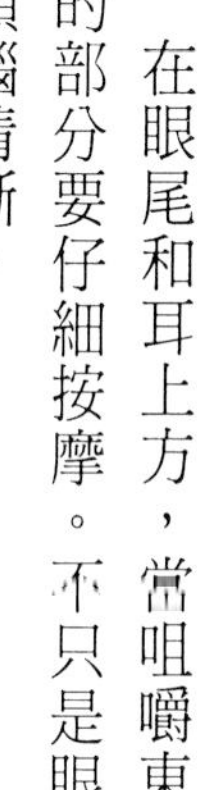

太陽穴按摩

在眼尾和耳上方，當咀嚼東西時會移動的部分要仔細按摩。不只是眼睛，也能使頭腦清晰。

①雙手拇指指腹抵住太陽穴，拇指以外的四指輕輕握拳用指腹揉捏。

睛明按摩

刺激位於眼頭前端的睛明穴。睛是瞳，明是光亮的意思，去除瞳孔的陰影，使東西看得非常清楚，對於眼睛疲勞、充血等有效。

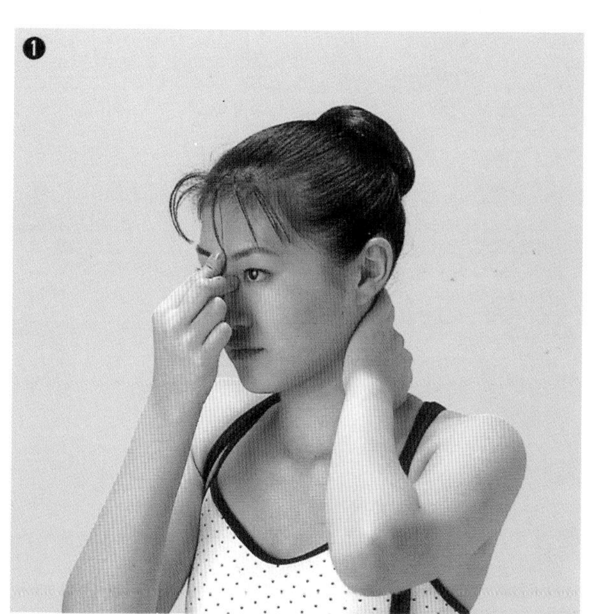

①左手的食指置於眉間，用拇指和中指按壓眼頭（睛明穴）。同時右手手掌貼住後脖頸往下撫摸。右手、左手交互各進行 8 次。

明眼摩擦

眼睛周圍聚集睛明、攢竹、魚腰、絲竹空、太陽、承泣、瞳子髎等重要的穴道，對於這些穴道的刺激就是「明眼摩擦法」。從眼頭前端的睛明開始，繞著眼緣的上側、下側摩擦。

眼緣的摩擦結束後，不要立刻張開眼

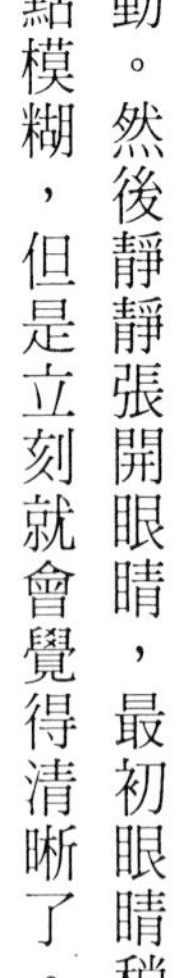

睛，手指離開，閉眼狀態下眼球朝左右轉動。然後靜靜張開眼睛，最初眼睛稍微有點模糊，但是立刻就會覺得清晰了。

①與太陽穴按摩同樣，雙手拇指指腹抵住左右太陽穴，拇指以外的四指握拳。

②用食指的第二關節內側從眼頭前端開始，朝向眼緣上側、下側摩擦。進行8次。

③①～②反覆進行。

①兩眼放輕鬆，暫時看著正面的遠方。儘可能找尋綠色的樹木來看。

遠眺

也稱為望遠，藉著看遠處，能夠放鬆眼睛的各肌肉，為有效地消除眼睛疲勞的方法。每天有空時可以凝視遠方的天空。

①全身放輕鬆，暫時靜靜閉上雙眼。

靜默

閉上眼睛，不接受外界任何刺激的方法，是一種積極的休息，感覺眼睛有點疲勞時，給自己一點靜默的時間。即使十秒也無妨。

眼肌的運動

眼睛疲勞的根本原因是緊張和壓力，及眼睛的血液循環不良、眼肌使用過度所造成的。伸直後脖頸，使眼睛的血液循環順暢，放鬆睫狀肌緊張的運動有效。實行之後暫時閉上眼睛，讓眼睛休息。

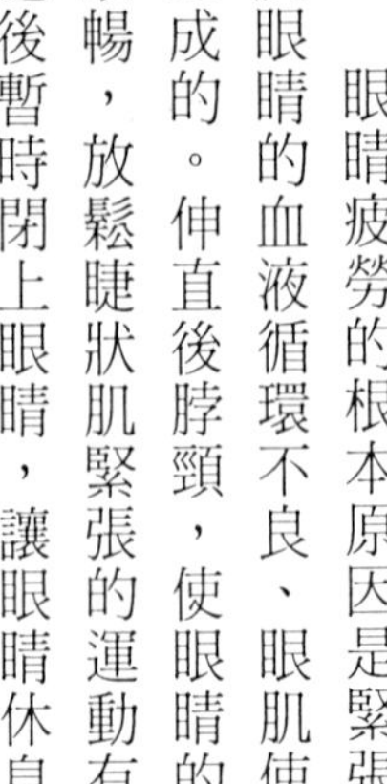

①看下方。

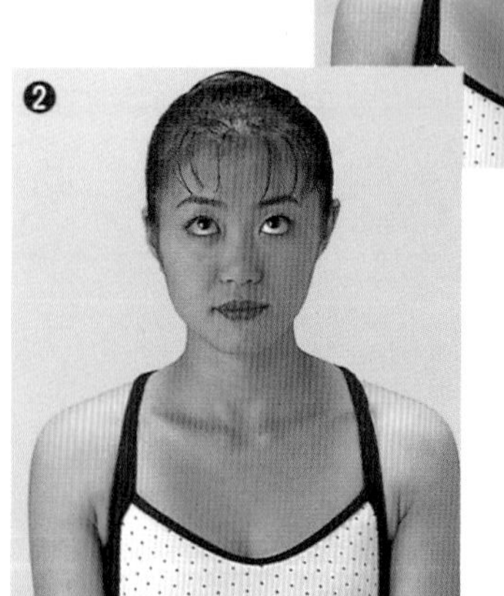

②看上方。

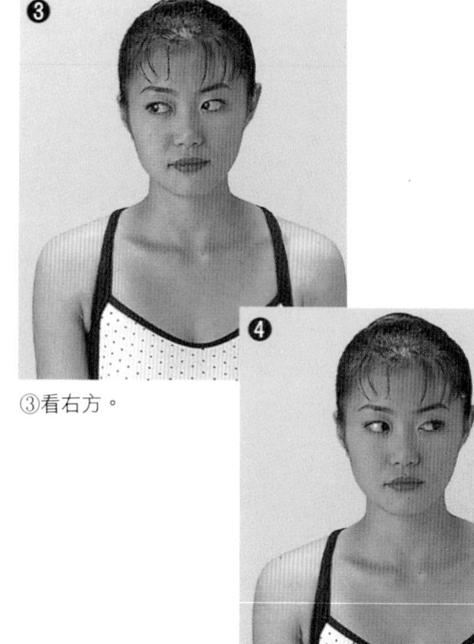

③看右方。

④看左方。

從左到右為模特兒新井千曉、麻生秋子老師、宮下洋子、山田麻子。

前言

現代可說是疾病的時代，社會和家庭的不協調造成壓力堆積。過敏體質、身心症、內臟諸器官機能障礙，肩膀痠痛、便秘症等，幾乎都是過度壓力所造成的現代病。人們為了逃離壓力而想出各種消除法。其中之一就是『一天十分鐘健康太極拳』。

感受壓力時，人的呼吸會紊亂，心跳次數增加、心情無法放鬆。相反地，放輕鬆時呼吸穩定、動作優閒、表情緩和。身體的動作、呼吸、心理的狀態具有密切關係，這也是醫學上承認的事實。

「太極拳健康法」是將小宇宙人類的「氣」與全宇宙的「氣」合成一體，使氣自然循環全身的運動。此外，每個動作都好像長江大河一樣，在緩慢的流動中隱藏著深不可測的秘密。

太極拳的魅力，就是能使呼吸緩慢、心情穩定，形成穩定的自然體。一天花十分鐘，持續進行太極拳，就不會迷失自我。希望大家能過著美麗健康的生活，是我的小小心願。

健康道場主持人
麻生秋子

目錄

第4章 症狀別・我利用太極拳得到健康①

專　欄

第 2 章

利用太極拳獲得健康的五大重點

提升太極拳效果的五大重點

太極拳的動作有五大重點

第一章中所介紹的是太極拳一部分的。但雖然是一部分，同時也是太極拳的精華。很多太極拳的「式」就是由這兒發展出來的。本章為初學者介紹有效進行太極拳動作的五大重點，分為五個項目介紹。

①動作與呼吸不可以斷斷續續，必須維持順暢

處在現代社會中，順暢的生活非常重要。人體內的規律經常保持順暢，不會斷斷續續的。心臟的跳動、脈搏的跳動具有一定的節奏，太快或紊亂都表示健康有問題。

進行太極拳時的呼吸，必須比我們所想的更為緩和地進行。呼吸最重要的就是「細長」。每個人的動作都有各自的節拍，太快的人必須注意放慢節奏，要以緩慢的呼吸為基礎。

呼吸包括呼與吸二個動作。呼吸的相連是重點。吐氣後立刻自然地吸氣，呼吸相連時絕對不能暫時停止。如果意識集中在吐氣上，就能自然順暢地吸氣。將細長的氣息吐盡之後，從鼻子吸氣。呼吸對有

生命的生物而言是最重要的動作。對於太極拳而言，順暢的呼吸也是最基本的。

太極拳的動作是以「圓運動」為主。圓運動的根本在於呼吸，沒有任何間斷，順暢地呼吸，吐氣後吸氣，再吐氣再吸氣。這種無間斷、順暢的流程就是「圓運動」。

先從熟悉呼吸法開始。從口中慢慢長長地吐氣，將氣息吐盡。以吐出邪氣，將

首先要學會呼吸法。

體內的空氣全部放掉的感覺進行。藉由緩慢的呼吸就能形成柔軟的動作，柔軟的動作就能調整呼吸。

第一章的「站樁功」中同時學會了動作與呼吸。此外，「健康太極拳」的「預備」到「收勢」的項目，主要是先學會動作。最後的「意念青春」主要是靠著想像，而「致虛守精」則主要是以呼吸為主體而進行。日常生活中必須熟悉太極拳的呼吸法，就能改善許多症狀。

②挺直背脊

對於健康而言姿勢非常重要。進行太極拳時，一定要學會正確的姿勢，更能提高效果。

據說修行太極拳的人「頭上頂著裝著水的茶壺練習較好」。這是正確的方法，但是卻很危險，而且很困難。可以在頭上

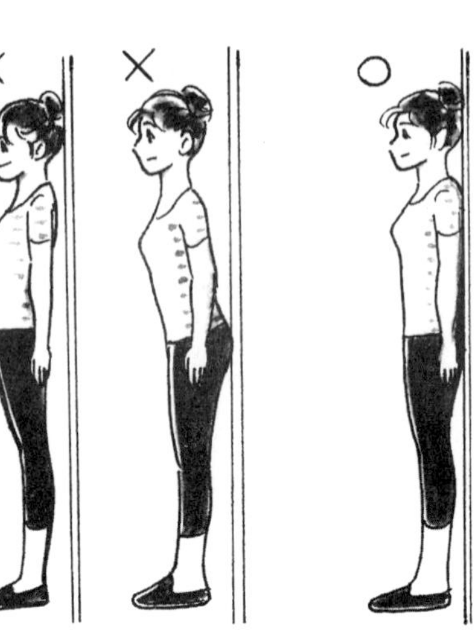

臀部、背部、後頭部貼於牆壁站立。

頂著書或錄影帶代替茶壺試試看。你就可以清楚了解自己所想的正確姿勢與太極拳的正確姿勢是不同的。

正確的太極拳姿勢，上半身要挺直。為了使上半身挺直，臀部、背部、後頭部整個貼住牆壁站立。如右邊的插圖所示，以這種方式站立，放輕鬆，任何部位都不要用力，以自然形態站立。如果挺胸、臀部突出或下顎突出，就不是正確的姿勢。

太極拳所謂的「含胸拔背」就是胸不要挺出來，稍微放鬆氣沈丹田。一旦挺胸時氣會停滯，上身太重腳不穩定。頭好像筆直拉向上方似地，去除頸部的緊張。一旦太過用力頸部僵硬，阻礙氣血循環，精神無法集中。

有一個初學者能夠簡單學會正確姿勢的方法，就是坐在椅子上時不要深坐，腳底緊貼於地面，上半身用腰後方的「命門」去撐，想像頭頂好像被一條看不見的繩子拉住似地，只要姿勢正確，據說大半的內臟疾病就能自然治好，所以姿勢很重要。正確的姿勢必須靠每天的想像及注意來完成。趁此機會培養正確的姿勢吧！

③放鬆肩膀肩下沈

熟練太極拳者的手臂，一般人形容為「好像用棉花裹著鐵一樣」。非常柔軟順暢的動作，卻隱藏著能夠擊倒對方的力量。在『太極拳論』中有「極柔軟後極剛堅」的說法，也就是說，放鬆之後才能發揮真正強大的力量。為了使手臂的氣能夠順暢通過，一定要充分放鬆。

「實力的發揮在於平常心」，也就是說身心都必須放鬆緊張，才能使平常貯備的力量發揮百分之一百二十。太過於緊張無法發揮真正的力量，也無法湧現自由的想法及靈感。力量的根源就在於「放鬆」。

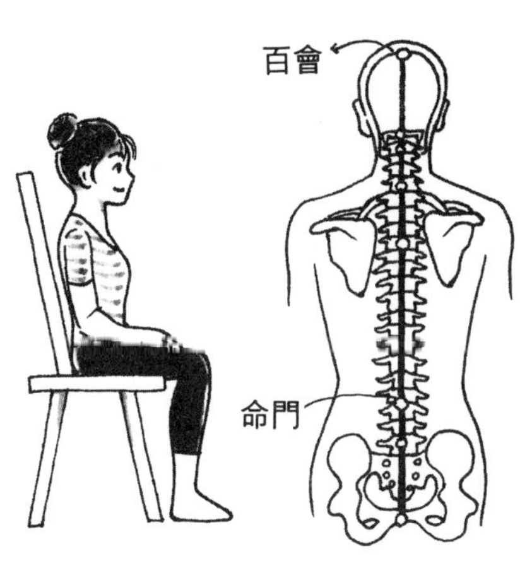

坐在椅子上時，上半身由腰後方的命門支撐，想像頭頂（百會）被一條看不見的繩子拉著。

該怎麼做才能放鬆呢？想像和呼吸都是一種方法，此外，可以藉著身體的動作達到放鬆的效果。

人類的身體一旦緊張時，肩膀會上抬，氣也會往上升。一旦上升時失去平常心，無法放鬆。太極拳認為手肘應該放下放鬆沈肩，一旦手肘上抬時肩無法下沈。手臂一旦柔軟時，則肌肉、關節等部分的力量就不會使用。全部的力量集中在一處，會使得氣停滯、動作遲鈍，這時只要用一點點的力量拉扯，都會使得全身動搖。

放鬆力量，使氣流通順暢，這時全身都能湧現力量。如果不放鬆，就不能隨心所欲，精力也會受到限制。

④股成圓形

股成圓形的表現平常很少使用，因此，也許很多人很難理解。股的內側成圓形的方式張開大腿。中國武術有「開胯圓襠」的說法。也就是說張開內股，使其成為圓形，不是光張開大腿就能變成圓形。

膝朝向腳尖的方向彎曲，直立的腰放鬆下沈，股關節張開的形狀就是圓形。我們經常使用膝、腰或背骨這幾個詞，但是卻很少使用關節這個詞。不過，考慮下半身的動作時，股關節具有重要的作用。

股成圓形，是能夠達到放鬆、自由自

在活動腰的動作。所謂「鬆腰」就是放鬆腰使其穩定，腳也穩定的意思。

平常生活中的站、坐、扭腰、走路等動作，都必須使用股關節才能成立。股關節在日常生活中具有非常重要的作用。

一旦股關節放鬆時，腰能夠順暢地扭轉。看棒球揮棒的動作經常有「扭腰用力揮棒」的敘述，就是使用腰力而產生整個身體的力量所致。

將意識集中於股關節，能加速下半身的放鬆。下半身的重點就在於股關節。

⑤用意識活動身體

在『陽式太極拳』（傅鐘文著）中說「利用精神的指令，使身體隨心所欲地活動」。也就是說，當精神清醒的時候，舉動自然會變得輕快。

太極拳的動作全都是由開合與虛實所構成的。開合就是張開手腳時，心靈也一起張開，合的時候心也一起合起來的意思，身心合為一體時，就能提高集中力，沒有任何漏洞。身心無法合一時，就會全身散漫。

此外，中國有「內外相合」的思想。如「站樁功」所示，在自己內面發揮作用的動作，由心靈引導，而進行「健康太極拳」這種為了與外在的對手搏鬥而進行的太極拳時，必須用清楚的意識來引導身體。

各位也許認為理所當然，但是在推拉對方，抓對方時，如果沒有這些意識，則動作無法順暢進行。推的時候，首先要有推的意識，才能將氣注入動作中；拉的時候，首先要有拉的意識，才能集中精神於動作上。身心合為一體時才能展現動作。也就是說，利用意識運作手臂，氣帶動手指的動作。

「健康太極拳」是跨出左（右）腳進行重心的移動，而腳的虛實（重心所在的腳與非重心所在的腳）一定要清楚地意識到，才能使動作輕快，不會浪費力量。例如，踏出右腳時用左腳支撐整個體重，而右腳緩慢伸直時，重心不可以移動。

平常我們走路時，不會下意識地踏出腳，但是太極拳的所有動作都必須下意識地進行。自由自在地應付對方的動作，讓身體能隨心所欲移動的太極拳，是精神鍛鍊的恩賜物。

太極拳從腳的踏出開始，全部都要下意識進行。

第 3 章

對身心有效的太極拳放鬆法

使太極拳更為純熟的
十種放鬆法

太極拳中關節具有重要的作用

太極拳的力量是由腳開始，傳達到腳脖子、膝、股關節、腰，再由腰傳達到背骨、頸部、肩、手肘、手腕、手掌。『太極拳論』認為腰是所有力量的發信地，傳達力量時全身各節都不能造成意識的斷絕，這點非常重要。所謂全身各節指的是全身的關節，為使太極拳有效地進行，關節具有非常重要的作用。

以下按照關節別介紹運動及放鬆的方法。每個動作的重點都是愉快地伸展關節。即使手無法搆著如圖片所示的位置，或是腳無法張開都不是問題。

總之，必須配合個人的步調，以自己感覺愉快的程度進行。按摩最初用雙手充分摩擦手掌，溫熱之後再進行。

當身體產生偏差，酸痛、緊張出現時，身心都不自然，呼吸也很困難。腰痛時進行腰的放鬆法，肩膀痠痛時進行肩膀的放鬆法，將其納入一般的生活中使用。

勉強進行 ×

配合個人的步調！

一 腳、腳脖子——動作順暢，減少對身體的負擔

腳脖子是太極拳中從腳（腳跟）開始，首先傳達力量的重要關節。此外，還有支撐體重，取得重心平衡的作用，因此會形成極大的負擔。柔軟的腳、腳脖子的各種動作都必須順暢，減少身體的負擔，即使有衝擊或緊張，如果迅速恢復原狀的力量強大，就能防範任何毛病的發生於未然。放鬆腳脖子的關節，促進血液循環，提高柔軟性。當然，腳底按摩也有效。

■腳底的主要穴道

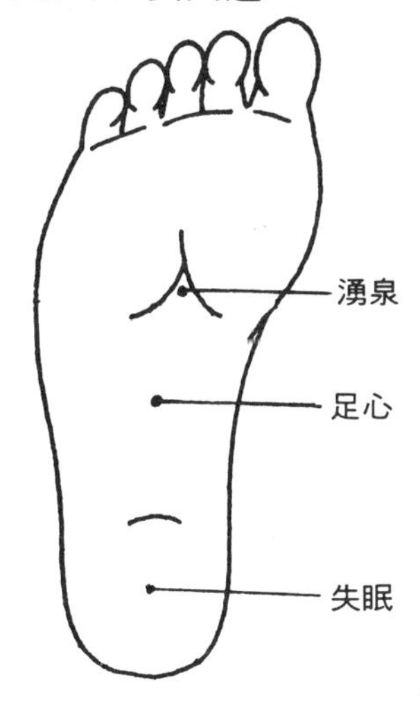

湧泉穴對於浮腫、高血壓等有效，失眠穴對於失眠症或腳的倦怠有效。

●腳、腳脖子的放鬆法

為了使腳自在地活動，最重要的腳脖子（腳脖子關節）及重要穴道聚集的腳底的放鬆非常重要。

腳跟踢出、腳尖伸直、繞腳脖子使其柔軟。促進腳脖子的血液循環，走路的姿勢美麗而且不容易疲倦。

腳底聚集許多穴道，與各臟器有密切的關係，與健康狀態有密切的關係。刺激穴道使腳的肌肉功能旺盛，使血液循環順暢。

●腳、腳脖子

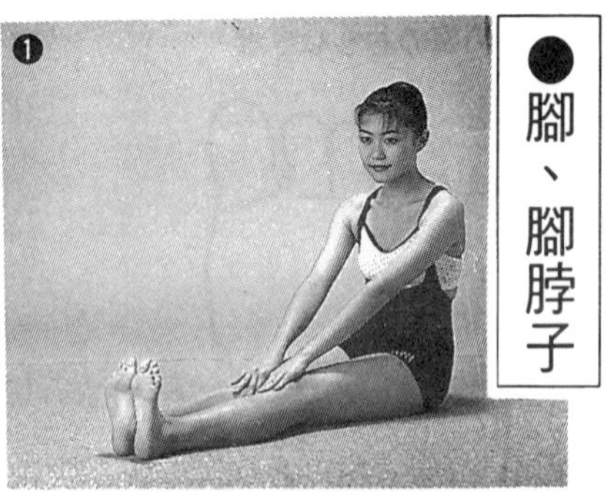

①坐在地上，雙腳向前伸直，腳跟踢出，腳尖朝向膝的方向。這時膝不可以上抬（※腳尖比照片所示更朝向膝的方向較好）。

②腳尖朝前方伸直。背肌伸直。

③右腳伸直置於左腳上，用雙手慢慢地繞腳脖子。繞十次後朝相反方向繞同樣的次數。左腳腳脖子也照同樣的方式進行。

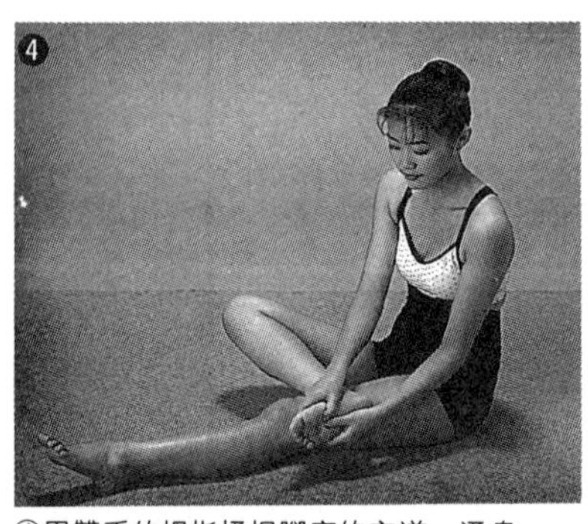

④用雙手的拇指揉捏腳底的穴道、湧泉、足心、失眠等。

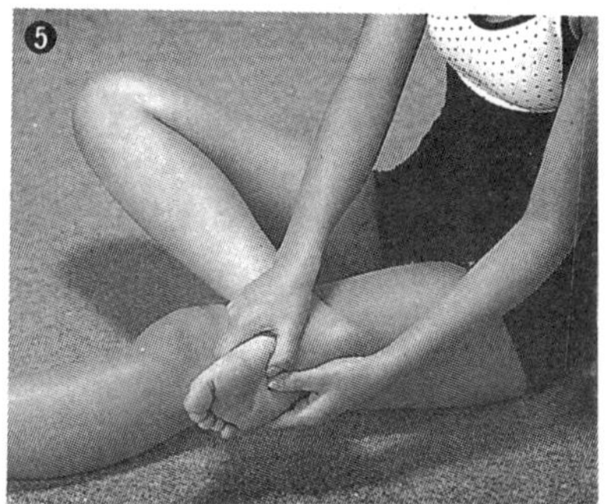

⑤從上方看④的狀態。

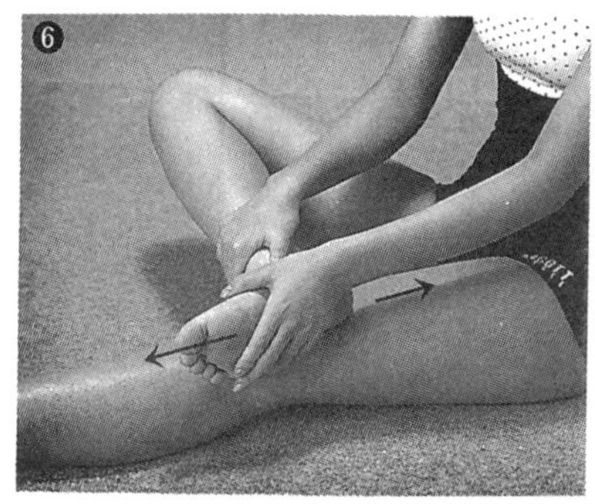

⑥雙手的手掌充分摩擦生熱之後按摩腳底。

二 膝——膝的順暢建立太極拳順暢的動作

太極拳站立時的姿勢要放鬆膝，然後慢慢曲膝或伸直膝，是一連串的膝曲伸的動作。因此，膝的順暢與太極拳順暢動作有關。膝彎曲時成為支撐最大重量的關節，伸直時成為傳達力量的關節。

與關節相連的肌肉或韌帶等結締組織很難伸展的話，則會降低關節的柔軟性。所以，平常就必須充分伸直自己按摩。

●開腳的姿勢

坐在地上雙腳張開，膝伸直，腹部貼於地面，上身往前傾。上身前傾時頭不可以貼於地面，以腰伸向前方的意識進行。

這時一定會產生一種愉快的疼痛感，找出這個感覺的位置，仔細玩味。藉著每天的練習，可以朝側面用力開腳，即使讓胸真正貼於地面也不是夢想。

膝

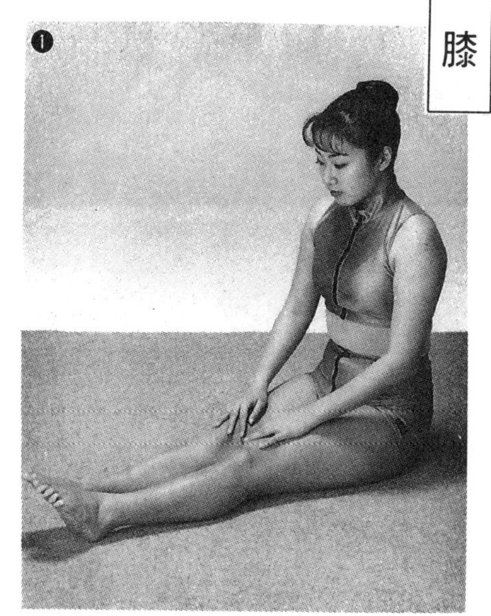

①坐在地上，雙腳向前伸出。

開腳的姿勢

②雙腳朝左右慢慢張開。不要勉強，即使成八字狀態也無妨。

③好像腹部貼於地面似的，上身慢慢往前倒。手肘盡可能貼於前方的地面。

④雙手慢慢伸向地面。不要勉強，慢慢地加深前傾的角度即可。

❷

❸

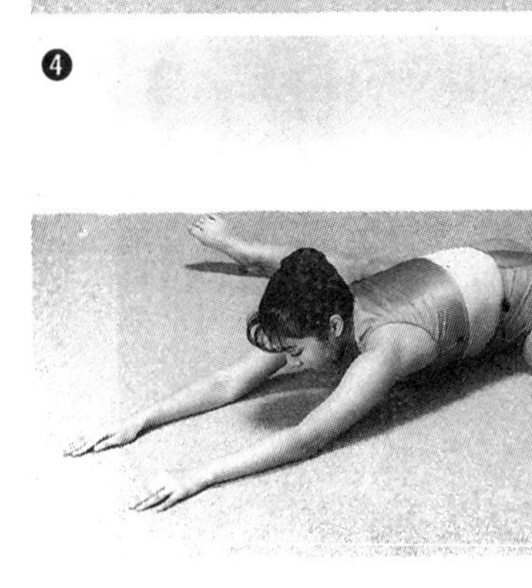
❹

●膝的按摩

隨時隨地都可進行的簡單按摩法。用雙手手掌好像包住膝蓋似的轉動的按摩法。拇指和食指輕輕揉捏膝蓋兩側的「膝眼」，用四根手指上下摩擦膝內側，使其溫熱，速度和次數要做適當的調整。

此外，在膝外側正下方的「足三里」穴（為強壯穴能強壯身體）也要給予刺激，以前長途旅行之前一定要對這個穴道進行針灸，強化腳的肌肉，提高步行能力。

膝的按摩

①膝的按摩①

淺坐在椅子上，手掌置於兩膝上轉動按摩。

②「膝眼」的按摩①

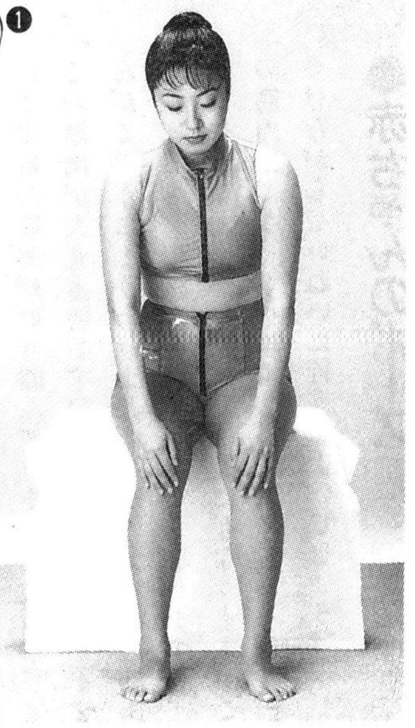

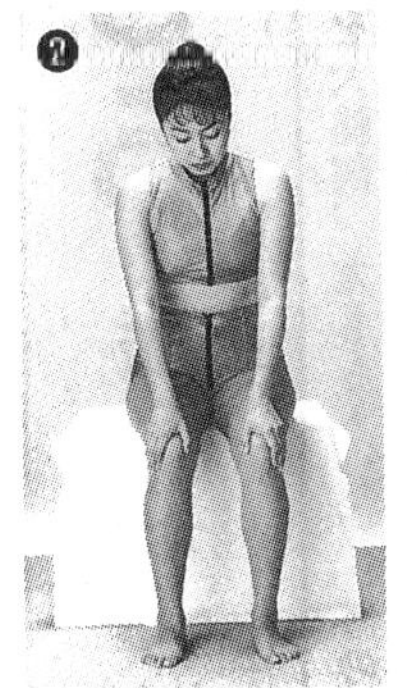

膝蓋頭兩側稍微陷凹處有「膝眼」。用拇指與食指按壓此處，輕輕揉捏。

③膝的按摩②

坐在地上，雙腳自然伸向前方，手掌抵住兩膝轉動按摩。

④「膝眼」的按摩②

用拇指和食指輕輕揉捏膝頭兩側的「膝眼」。

⑤膝內側按摩

用四根手指上下摩擦按摩膝內側。

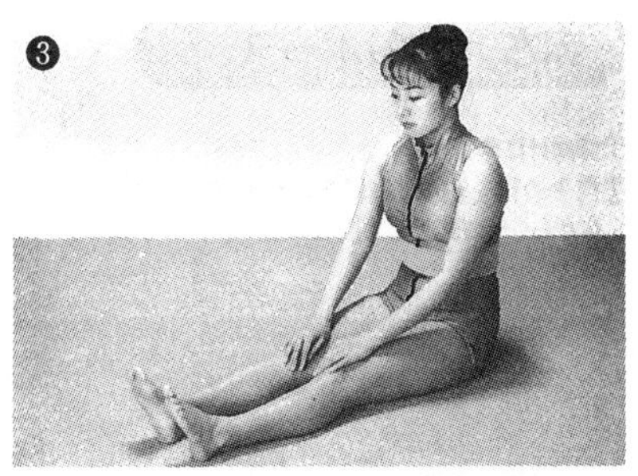

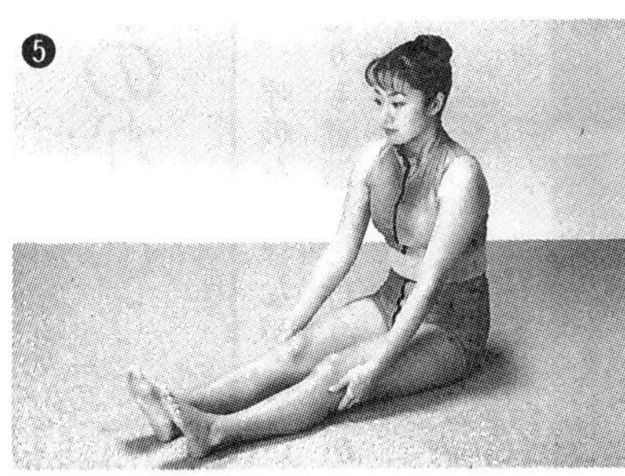

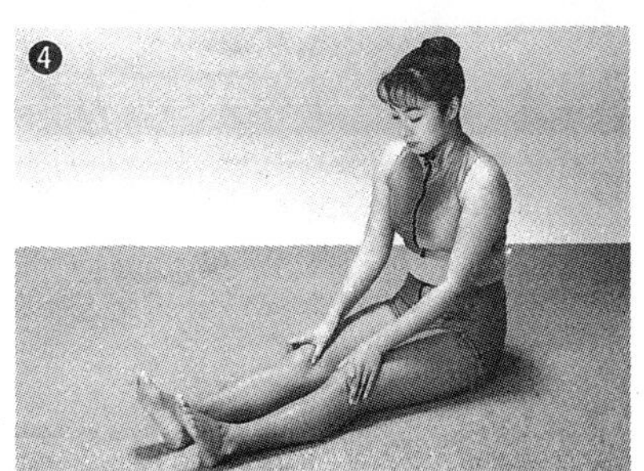

三 大腿——秘訣是穩定呼吸、慢慢伸直

膝和股關節之間稱為大腿部，體內最強最長的股骨被股肌這種多數的肌肉包圍而形成大腿部。太極拳認為這個肌肉非常重要，所以雖然不是關節，但是在本章中也加以探討。

鍛鍊大腿肌肉，即使採取中腰的姿勢也不會疲倦，成為順暢太極拳動作的基礎。

秘訣在於這個肌肉要慢慢伸展，一邊呼吸一邊仔細地進行較好。

●嬰兒姿勢

單側各仔細進行之後，抱住雙腳做最後的修飾，最重要的是要清楚意識到底哪個肌肉或關節伸展了。

意識到現在伸展何處，會使效果產生很大的差距。如果無意識中反覆進行動作，會使頸部和腰部承受較多的力量。因此，最重要是一邊呼吸一邊下意識地進行。

大腿

嬰兒姿勢

①仰躺。

②雙手手指交疊，抱住右膝，由鼻子吸氣，同時收縮腹部。

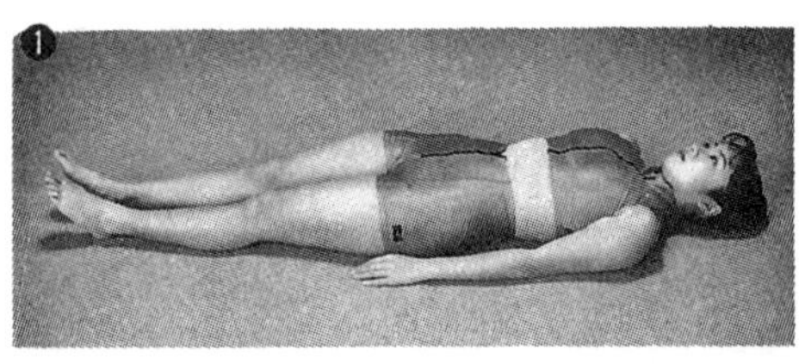

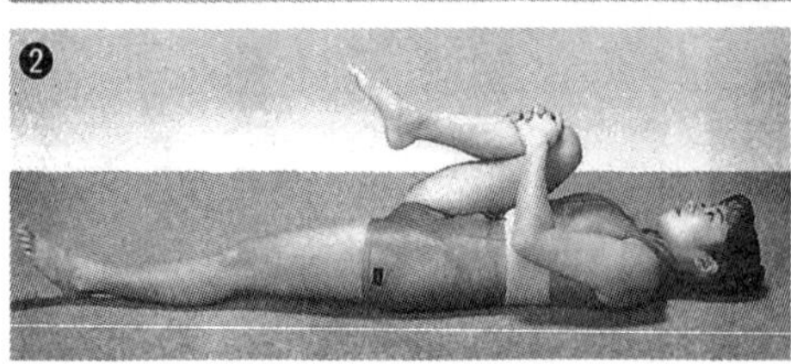

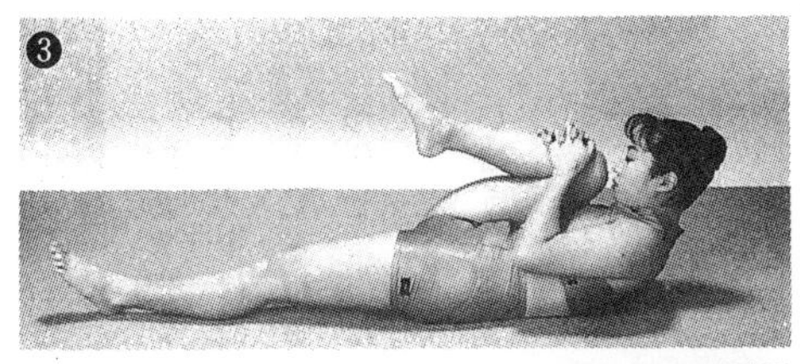

③由口中吐氣同時頭部上抬，好像臉貼膝似地拱起背部。保持這個姿勢，保持 5～10 秒鐘自然呼吸。

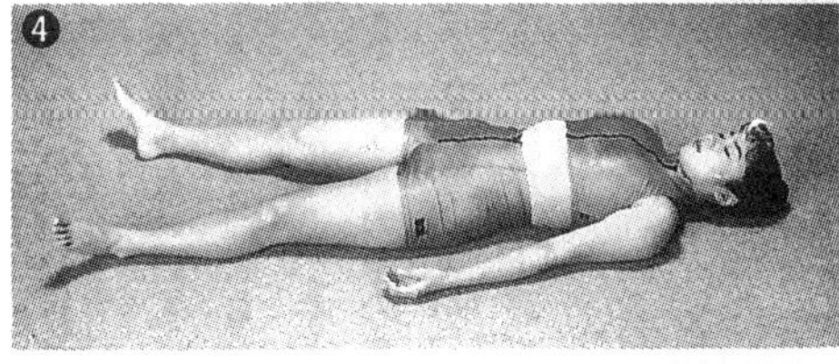

④由鼻子吸氣同時回到地面，從口中吐氣腳放回地面，成為安靜姿勢。

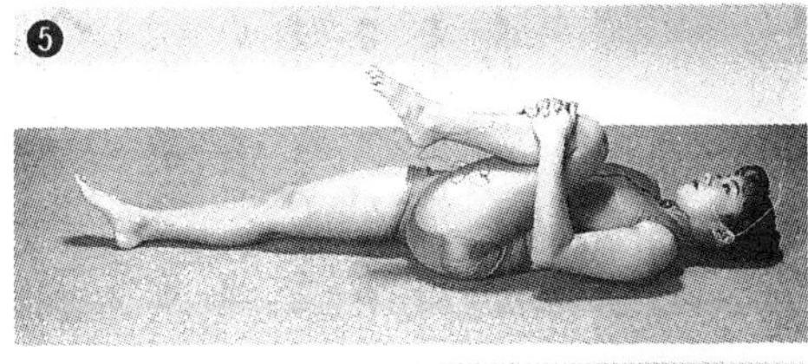

⑤同樣抱住左膝，由鼻子吸氣。

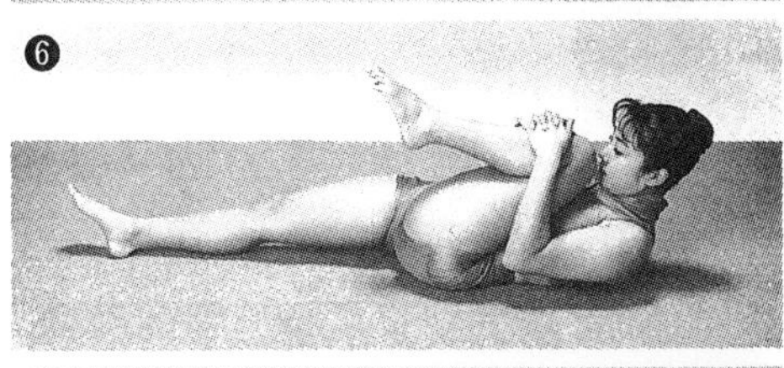

⑥由口中吐氣，同時好像臉貼於膝似的拱起背部。

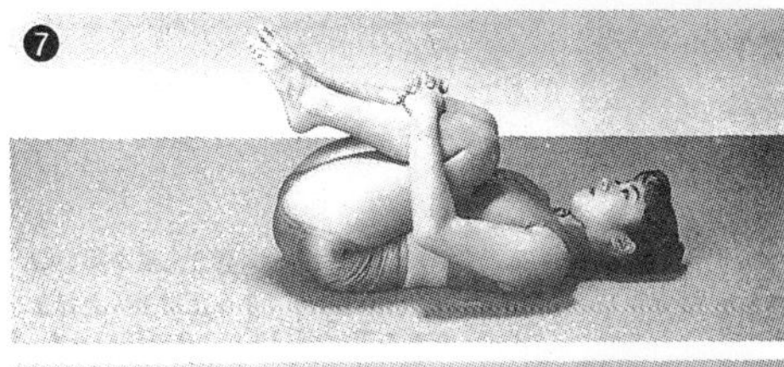

⑦單腳進行後，由鼻子吸氣，雙手抱住兩膝。

⑧由口中吐氣，臉貼於膝，拱起背部。

大腿

●蚱蜢姿勢

別名海豹體操。單腳上抬，注意不要扭腰，好像腳底上抬似的進行。

此外，俯臥時會察覺左右腳長度不同，這時較短的一方要再上抬一次。

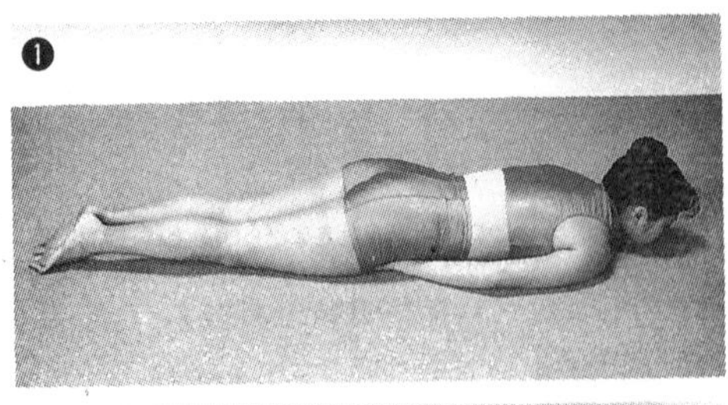
❶

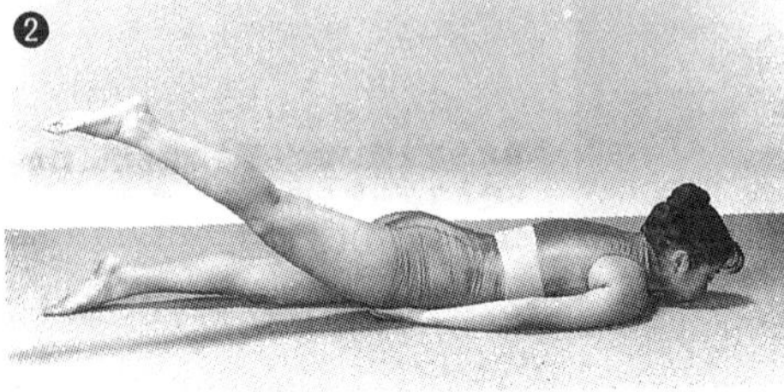
❷

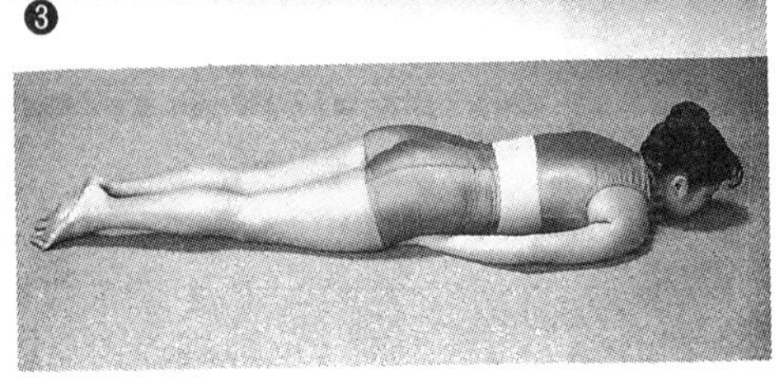
❸

❹

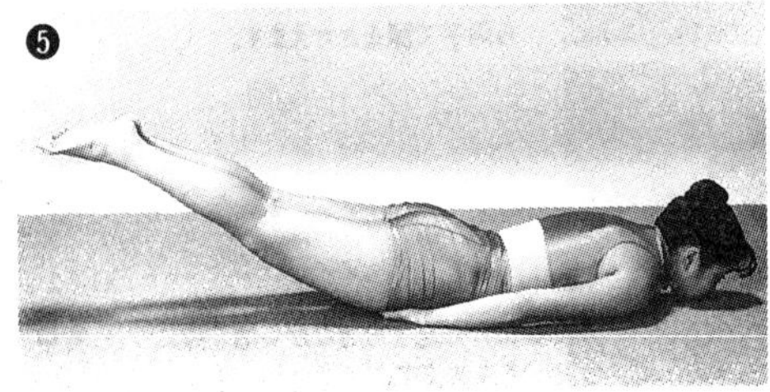
❺

蚱蜢姿勢

①下顎貼地俯臥。雙手手掌朝上，伸向大腿下方。

②大腿貼地，慢慢由鼻子吸氣伸直右腿，盡可能高高上抬。好像腳底朝向天似地進行。保持這個姿勢持續5～10秒的自然呼吸。

③從口中吐氣並放下腿。

④左腿進行同樣的動作。

⑤單腿進行後，雙腿同時進行。

●左右獨立

這是省略「金雞獨立」手動作的太極拳動作。上身不可以前傾，姿勢保持挺直。從左獨立變成右獨立時，兩膝彎曲姿勢下沈，站立時伸直右膝，左膝朝前方上抬，保持協調。

左右獨立

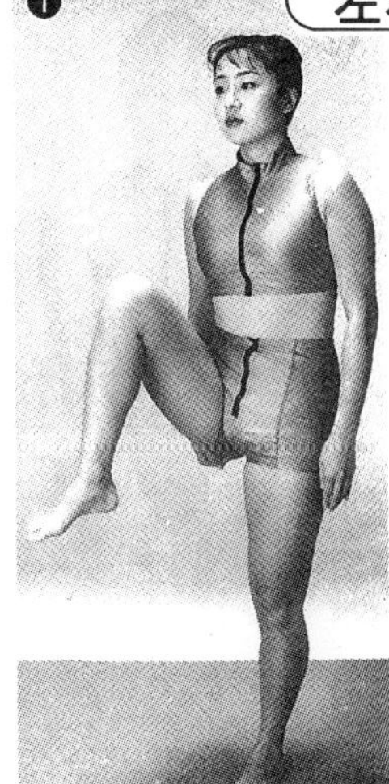

①大腿盡可能貼近身體上抬。

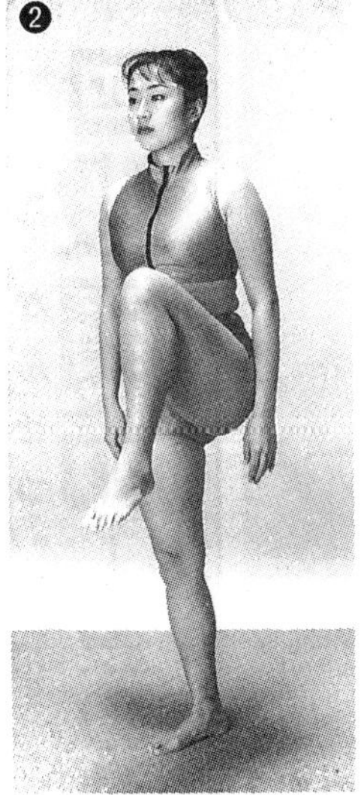

②左腳也以同樣的方式進行。

●安靜姿勢

從口中吐出細長的氣息，由鼻子吸氣，進行腹式呼吸。腦海中想像一朵喜歡的花，也可以靜靜地加以凝視。能去除頸部的緊張，頸部朝左右動的時候，如果用力時，移動這個部分就能去除緊張。

安靜姿勢

①仰躺、雙手、雙腳張開約 45 度，從口中吐出細長氣息，由鼻子吸氣，進行腹式呼吸，放鬆全身的力量。

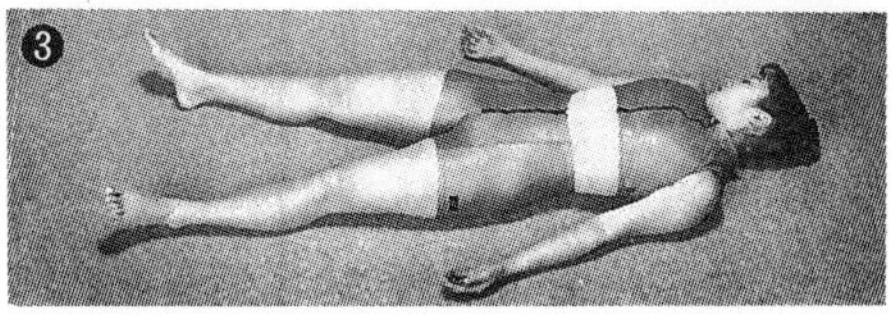

②③要去除脖子的緊張，脖子朝左右慢慢地轉動較好。持續幾次後就能去除緊張。

四 股關節

──與腰的動作互通的重要關節

股關節是稱為球關節之關節的代表。太極拳中必須利用股關節扭轉腰，所以是重要的關節。腳脖子、膝關節和股關節的動作也會有關連。

平常張開股關節使其放鬆，就能使腰穩定，減輕腰的負擔。

●吉祥姿勢

也稱為「幸福姿勢」，是美麗女神、吉祥仙女能給予幸福的姿勢。

張開股關節使腰柔軟，矯正腰骨。上身朝左右搖擺時，慢慢產生節奏，就能輕鬆地持續。

①坐在地上，雙腳腳底對合，握住兩腳拇趾。

②背脊挺直，腳跟不可離，上身先朝右傾。

③同樣地朝左傾，反覆進行幾次。

④坐正之後回到原先的姿勢。

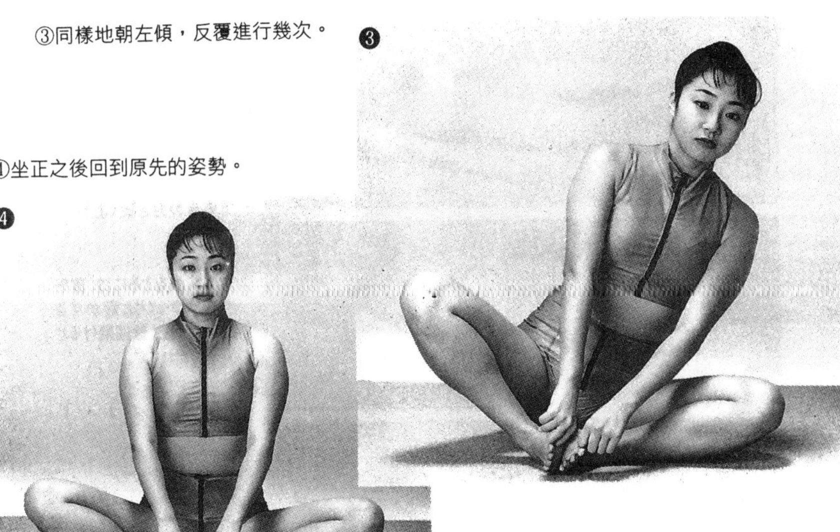

⑤由鼻子吸氣，同時下顎上抬，上身用力向後仰。

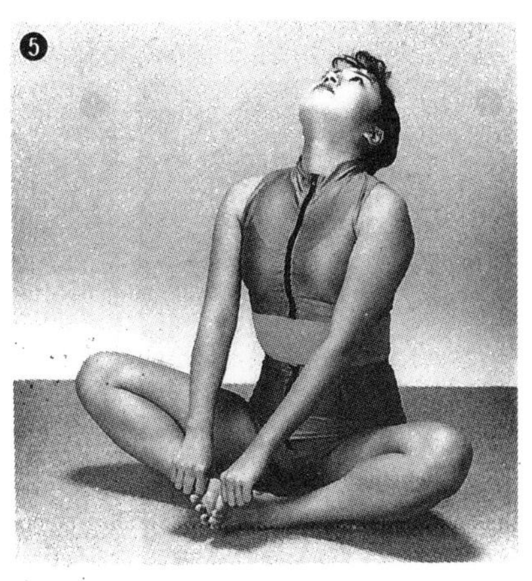

⑥從口中吐氣，張開手肘似的上身往前倒。

⑦張開手肘貼於地面，頭貼於地面。不要勉強，在自己能夠辦到的範圍內慢慢地向前倒。

股關節

安靜姿勢

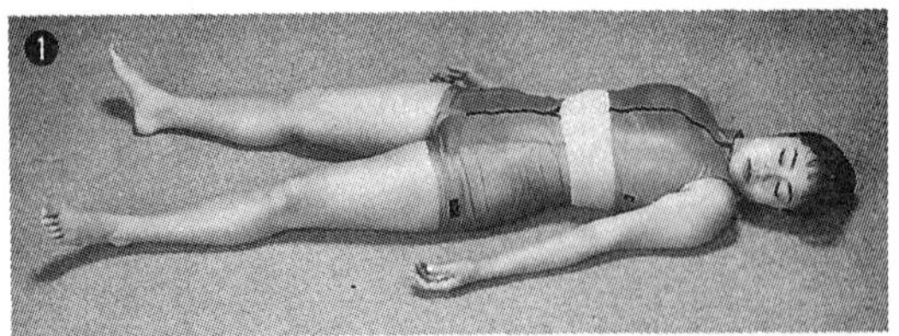

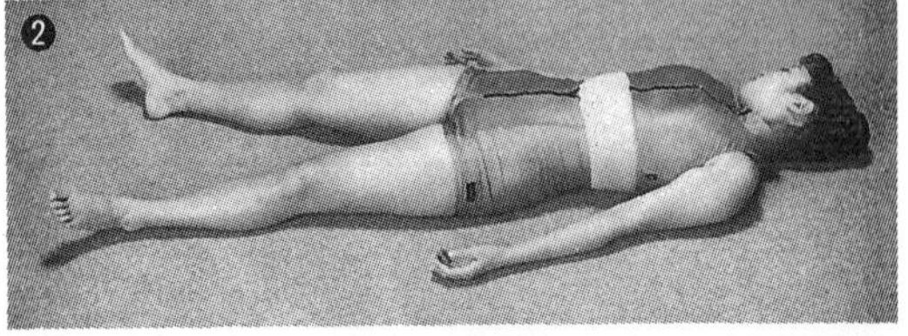

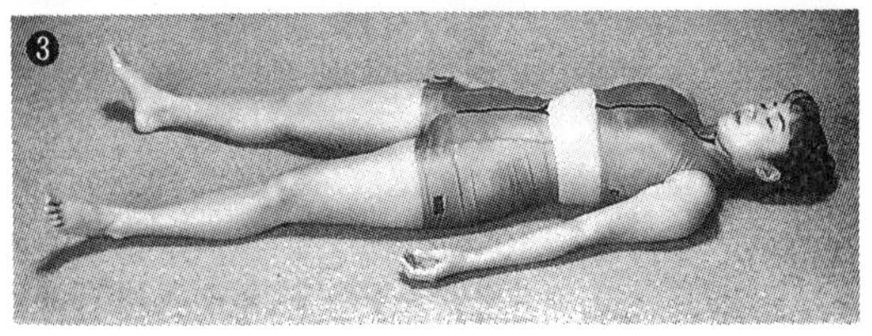

①仰躺、雙手、雙腳張開約 45 度，由口中吐出細長的氣息，由鼻子吸氣。利用腹式呼吸放鬆全身的力量。

②為去除脖子的緊張，脖子慢慢朝左右轉動。連續幾次後就能去除疲勞。

●張開大腿

利用上身的重量，張開股關節使其柔軟。好像相撲選手練習時經常做的動作一般，相信大家都了解，屬於熟悉的姿勢，相信大家可以輕鬆練習。

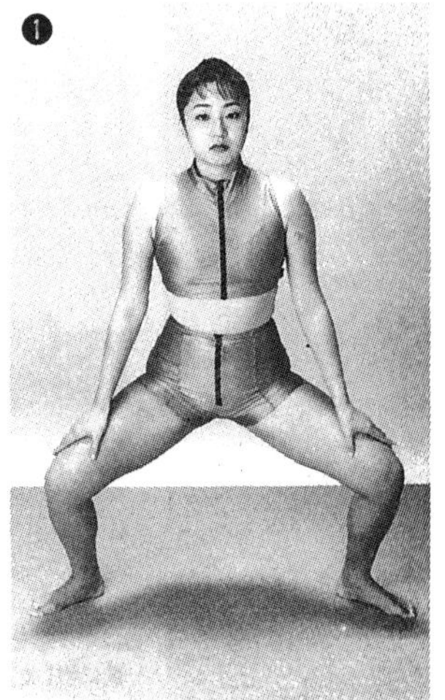

①雙腳張開成比肩寬更寬，成倒八字，膝朝腳尖的方向彎曲。手貼住大腿挺直背脊。

②不要勉強落腰，張開股關節。使腰降到膝的高度即可。①與②反覆進行 8 次。

五 腰——太極拳動作的樞紐。重點在於柔軟放鬆

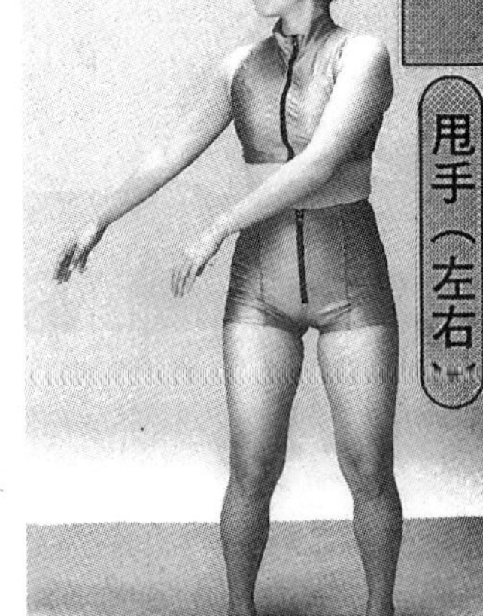

①雙腳張開如肩寬，膝稍微放鬆站立，上身挺直，腰朝右轉。

②腰朝左轉。左右扭轉共計一次。有節奏地反覆進行30～50次。扭轉腰時手自然地帶到左右。

腰是身體的中樞。上身下沈或扭轉時成為軸心，也是保持姿勢的重要部位。姿勢不良或太過勉強時，會造成腰部極大的負擔。

太極拳以腰為主移動腳或手，而且有很多中腰姿勢，所以腰的柔軟放鬆是不可或缺的。放鬆腰能增強雙腳的力量，使下半身穩定。

●甩手（左右）

扭腰的運動。從手腕根部開始放鬆力量，好像鐘擺一樣，隨著腰和背骨的旋轉，朝左右用力擺盪。這時的重點是膝要稍微彎曲。藉著膝的彎曲能使腰自由自在地活動。「甩」的意思就是擺盪的意思。

腰

●前屈

「雙腿伸直的姿勢」，腰和膝的後方與跟腱同時伸直。伸直雙手勾住腳拇趾，搆不到時握住腳脖子或膝也無妨。慢慢伸直腰，自然就能搆著腳拇趾了。

❶

❷

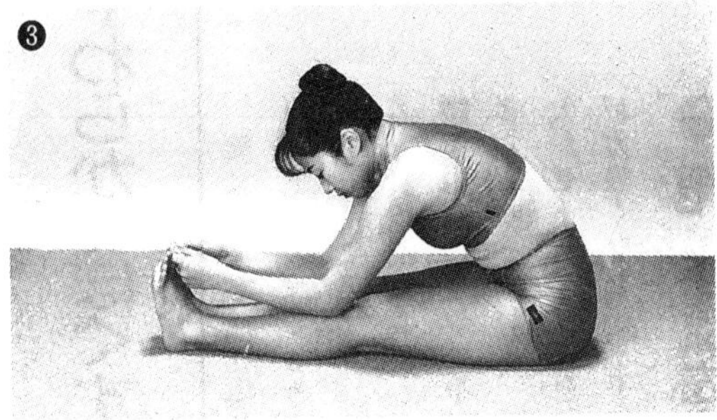
❸

❹

前　屈

①雙腳伸向前方坐下，雙手伸直，食指勾住腳拇趾。搆不著時雙手置於膝上進行。

②由鼻子吸氣抬起下顎，上身後仰。

③由口中吐氣，上身慢慢往前倒。好像腹部貼於大腿上似的進行較好。

④能夠辦到之後手肘慢慢彎曲到貼到地面為止。彎曲時保持自然的呼吸 5～10 秒。由鼻子吸氣還原。

鱷魚的姿勢

●鱷魚姿勢

兩膝併攏朝側面倒時扭轉腰骨，使血液送達腰的椎間盤。平常我們很少下意識地活動腰，因此，突然進行扭腰活動，腰部周圍的肌肉很容易受傷。所以要慢慢扭轉，不斷擴展界限，慢慢進行。

❶

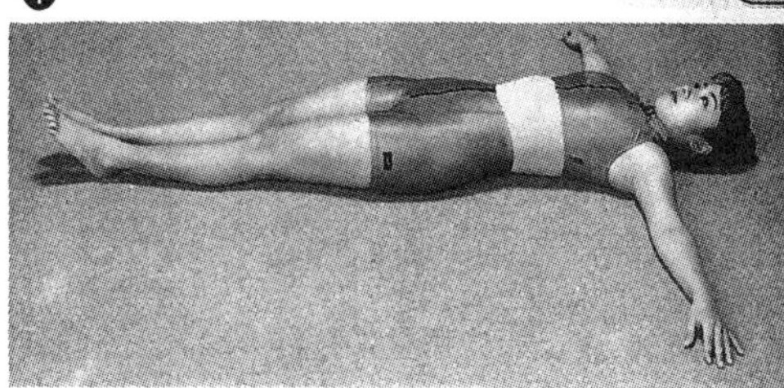

①仰躺，雙手朝左右張開。

❷

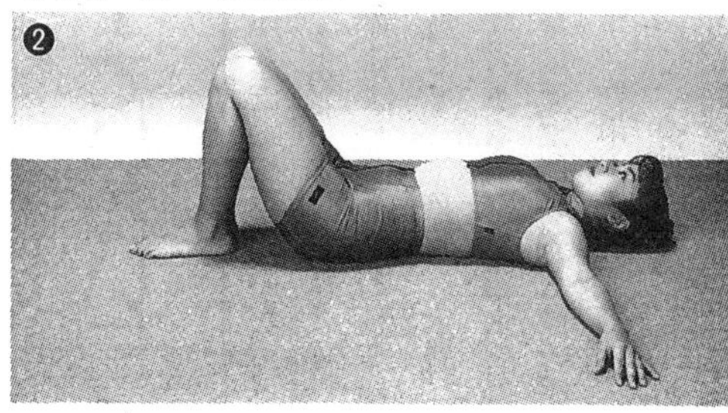

②腳併攏，兩膝直立。

❸

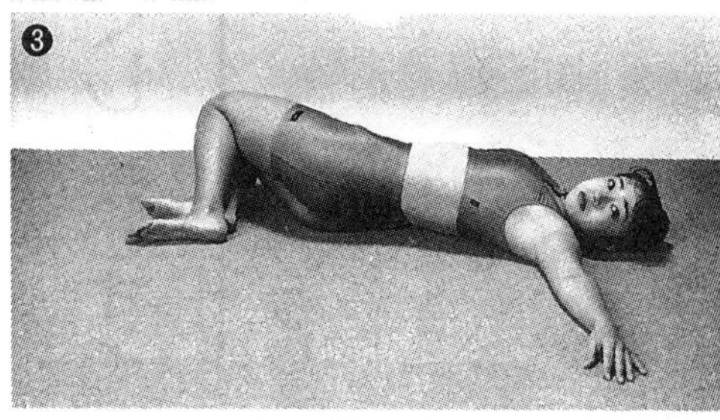

③兩膝併攏，朝右倒。臉看著左手。

❹

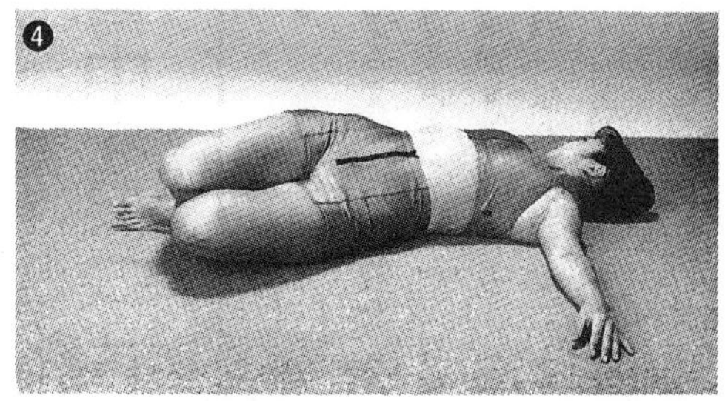

④以同樣的方式朝左倒。

安靜姿勢

❶

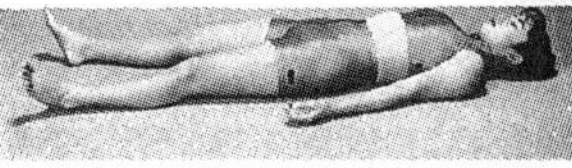

❷

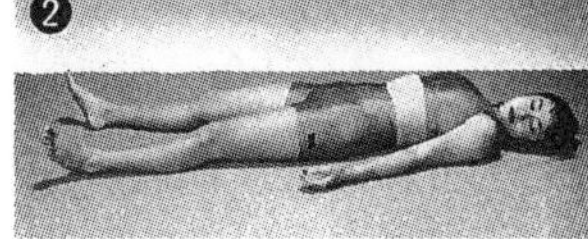

❸

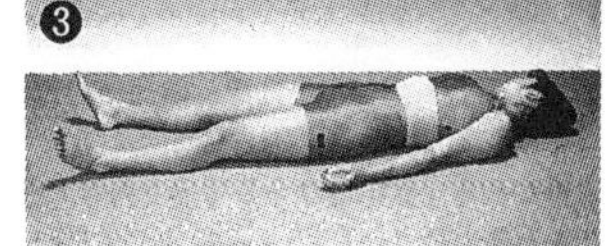

①仰躺，雙手、雙腳張開約 45 度，由口中吐出細長的氣息，由鼻子吸氣，進行腹式呼吸，放鬆全身的力量。

②去除頸部的緊張，頸朝左右慢慢地轉動。連續幾次後就能去除緊張。

六 背骨——仔細放鬆，保持挺直的背部

成為骨骼中軸支撐身體的就是稱為背骨的骨骼，整體稱為脊柱，每個骨稱為脊椎。背骨上與頭部相連，左右與手臂相接，下通腰、大腿及兩腳。脊髓與神經通過脊椎，將意識送達全身，就人體的構造面而言，是非常重要的部分。保持背部挺直的動作，是進行太極拳的重點，由於背骨很重要，一定要仔細地放鬆。

●眼鏡蛇姿勢

能有效將血液送達背骨與背部各肌肉。不要給予強烈的反彈。從頸部開始將意識集中於每一節脊椎上，確認愉快的刺激傳達到頸部、肩、背骨、腰，同時伸展背骨。眼睛一定要張開。

眼鏡蛇姿勢

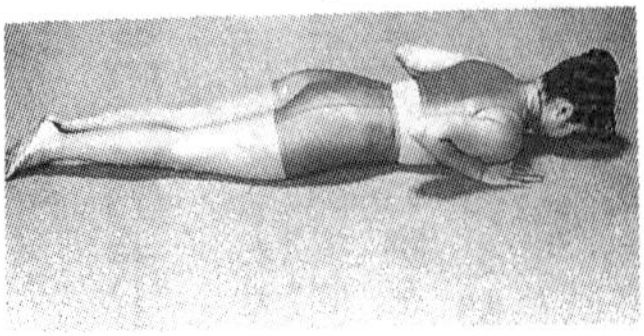

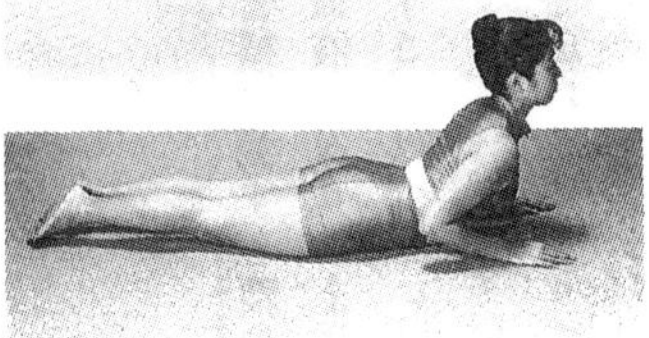

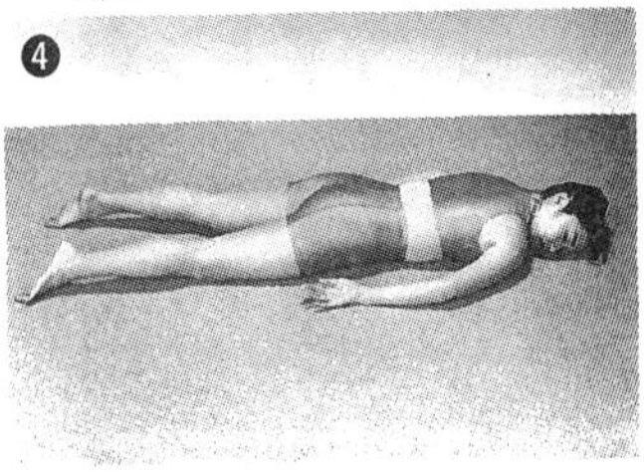

①雙手手肘彎曲，各自貼於側面，雙腳併攏俯臥。

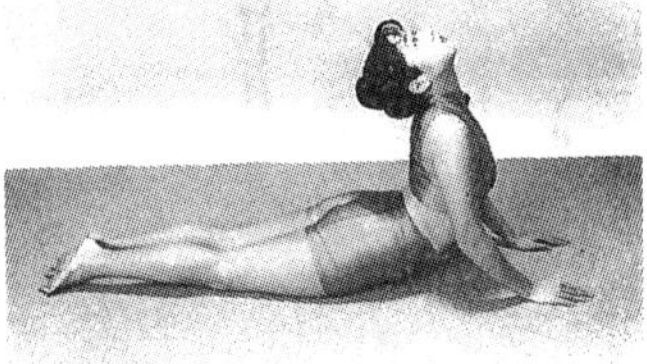

②由鼻子吸氣，手按住地面，頭抬起。

③下顎突出，上身後仰。臉朝向天花板張開眼睛，肚臍不要離開地面。左右腳跟併攏。保持這個姿勢進行 5～10 秒鐘自然呼吸。

④由口中吐氣後還原。最後進行安靜姿勢。

扭轉姿勢①

●扭轉姿勢①

盤腿坐，身體朝左右扭轉，是很簡單的動作。重點是身體保持挺直，只有背骨扭轉。如果劇烈扭轉會造成反效果。慢慢地一邊呼吸一邊扭轉。

①坐下挺直背脊，盤腿坐好，由鼻子吸氣，姿勢擺正。

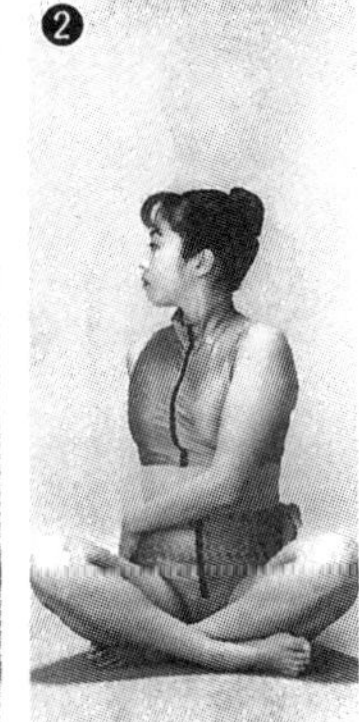

②由口中吐氣同時以背骨為軸慢慢朝右扭轉，眼睛儘可能看著後方。這時左手手掌置於右腰下，右手手背繞到左腰下。保持這個姿勢進行 5～10 秒鐘的自然呼吸，從鼻子吸氣還原，回到①的姿勢後由口中吐氣。
③同樣的動作朝相反方向扭轉。

扭轉姿勢②

●扭轉姿勢②

內容與①完全相同。但如果無法盤腿坐時，可以用這種方法。相反地，如果覺得正坐有困難時，可以進行①的姿勢。

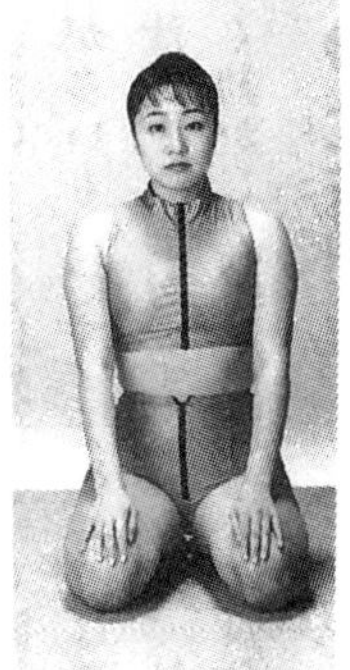

①正坐在地面上。兩膝分開。由鼻子吸氣姿勢擺正。

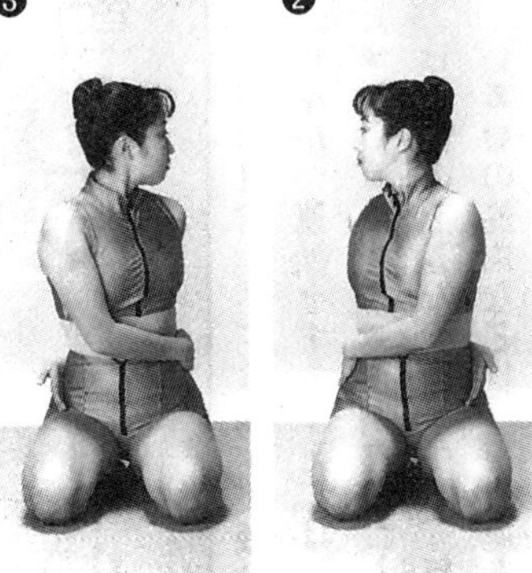

②由口中吐氣同時以背骨為軸慢慢朝右扭轉，眼睛儘可能看著後方。這時左手手掌置於右腰下，右手手背繞到左腰下。保持這個姿勢進行 5～10 秒鐘的自然呼吸，從鼻子吸氣還原，回到①的姿勢後由口中吐氣。
③同樣的動作朝相反方向扭轉。

七 肩——控制太極拳的各種動作

肩在日常生活中幾乎沒有活動的機會，但是運動時具有控制各種動作的作用。肩關節是上身重要的關節，將肩胛骨往上吊起的肩膀肌肉支撐手臂的重量，除了睡覺之外一直持續緊張。太極拳要求放鬆肩使肩下沈。平常就要大力活動肩，緩和緊張。

吐古納新

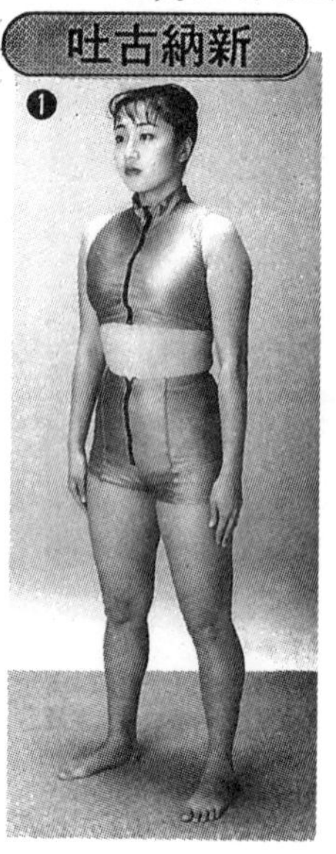

①雙腳張開如肩寬，自然站立。

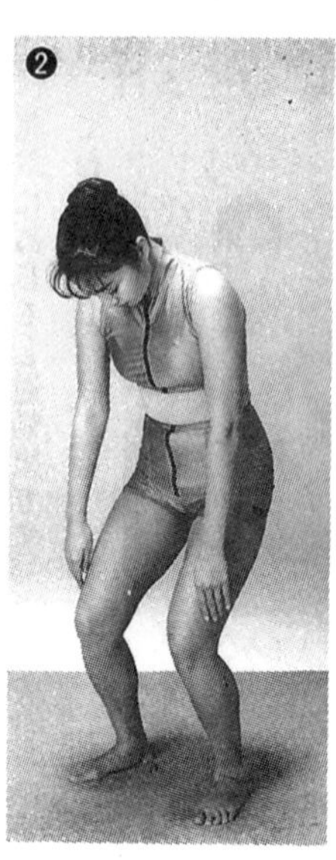

②由口中吐氣，同時曲膝落腰，放鬆頸部、肩、手臂的力量。

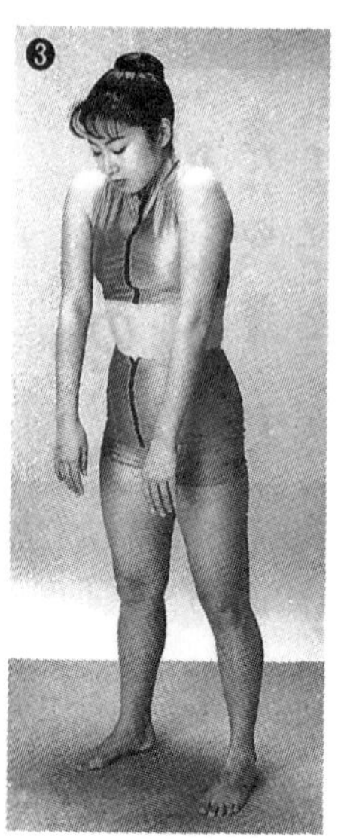

③由鼻子吸氣，同時伸直膝，左右肩膀上抬。

●吐古納新

吐出舊的邪氣，吸收新鮮正氣的意思。一連串的動作是胸的前傾、伸直背部、背肌後仰這三個動作順暢進行。對於肩膀痠痛有效，配合呼吸進行可使肺部乾淨。

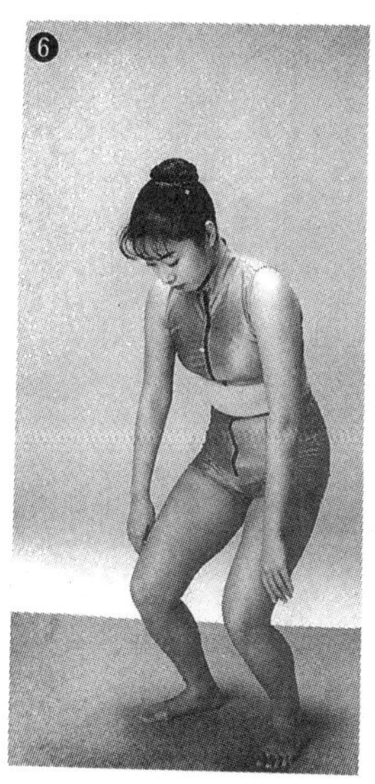

⑥臀部向後突出似的稍微前傾。
②～⑤進行 8 次。

⑤由口中吐氣，同時曲膝放鬆股關節。

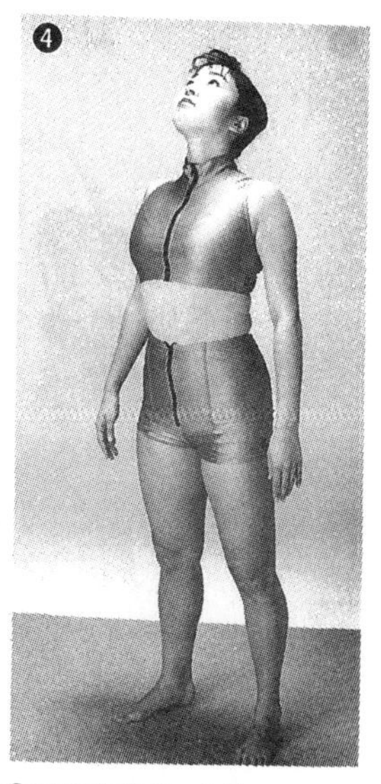

④肩膀向後繞，開胸。

手交叉姿勢

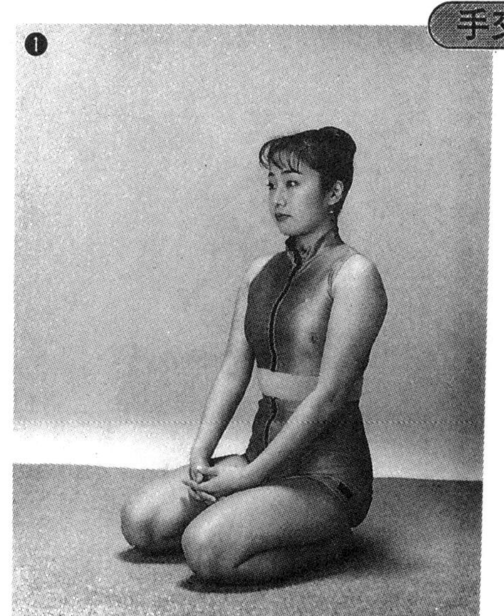

①正坐，雙手在人腿上交叉。

●手交叉姿勢

照片是坐著進行的，但是站著或坐在椅子上進行也可以。總之不要挺胸，伸直背脊為重點。伸直、張開、大幅度活動肩膀，將舒適的刺激廣泛傳達到手臂、肩、胸、背部等，能夠去除肩膀到手臂的緊張。

❷

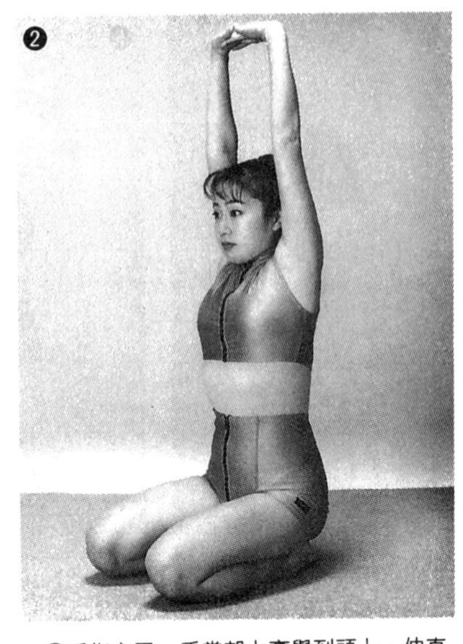

②手指交叉，手掌朝上高舉到頭上，伸直手肘，挺直背脊。

❸

③放鬆手肘，手拉向後方。

❹

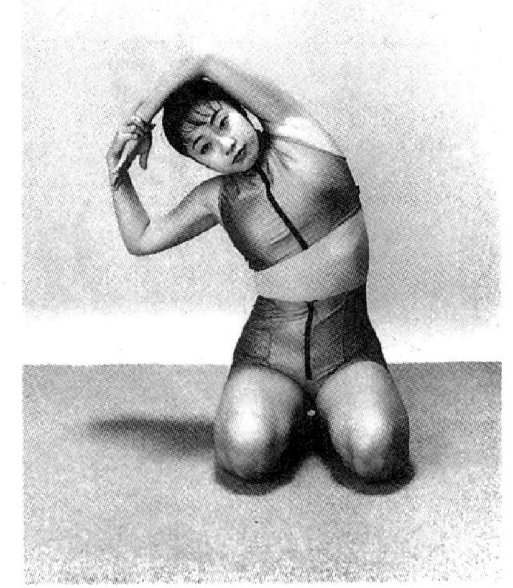

④用右手握住左手手腕，左手手肘掛在頭上似的，拉扯左手臂。

❺

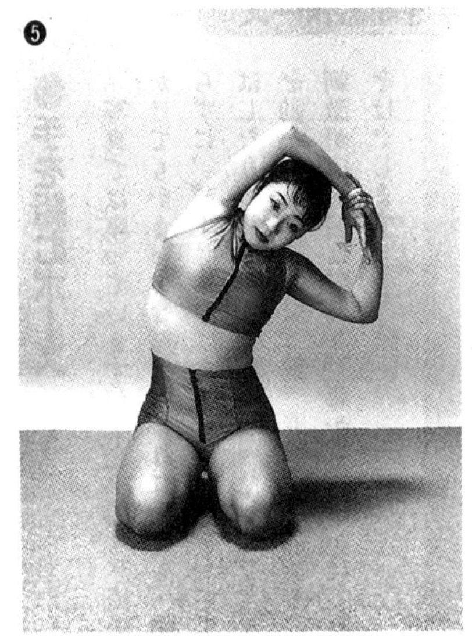

⑤換手，以同樣的方式拉扯右手臂。

八 頸部——進行不勉強的正確調整法

放鬆頸部

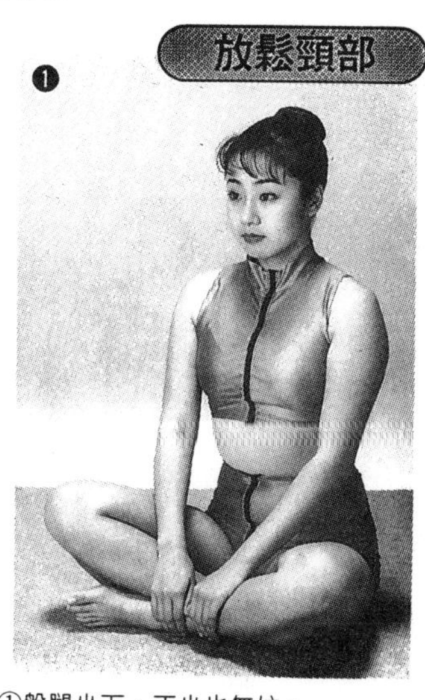

①盤腿坐下，正坐也無妨。

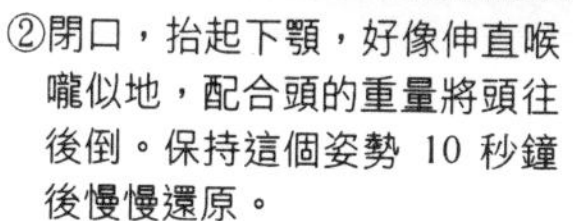

②閉口，抬起下顎，好像伸直喉嚨似地，配合頭的重量將頭往後倒。保持這個姿勢 10 秒鐘後慢慢還原。

太極拳認為必須要挺直頭部，使精神集中。太過用力緊張時，頸部僵硬，會阻礙氣血的循環，精神無法集中。因為頸是纖細的部分，所以不要勉強，要求正確的調整法。

●放鬆頸部

最適合去除頸部痠痛的方法，重點在於要慢慢進行。朝前後彎曲時要慢慢地依賴自己頭的重量深彎曲，慢慢地還原。照片是盤腿坐進行的姿勢，正坐進行也可以。

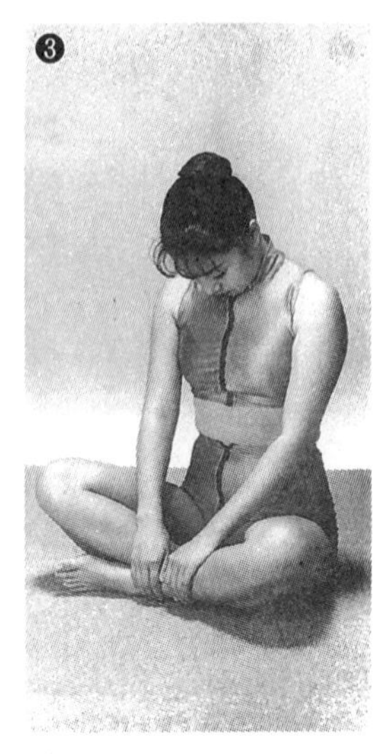

③下顎貼於胸配合頭的重量往前倒。保持這個姿勢 10 秒鐘後慢慢還原。

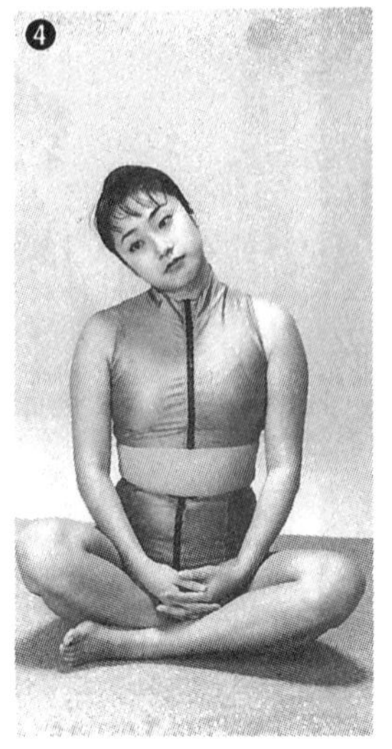

④利用頭的重量讓頭朝右側倒。保持這個姿勢 10 秒鐘後還原。

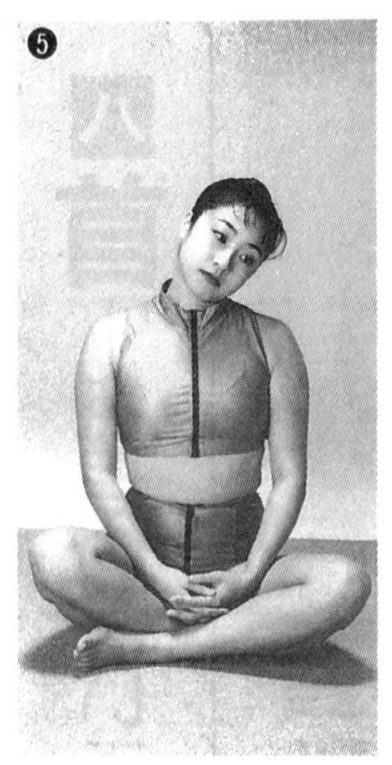

⑤與④同樣地朝左側倒。

●頸部按摩

去除頸部痠痛，矯正筋最簡單的放鬆法。隨時隨地都可以進行。一邊看電視或泡完澡之後進行，在生活中養成這種按摩的習慣。

頸部的按摩

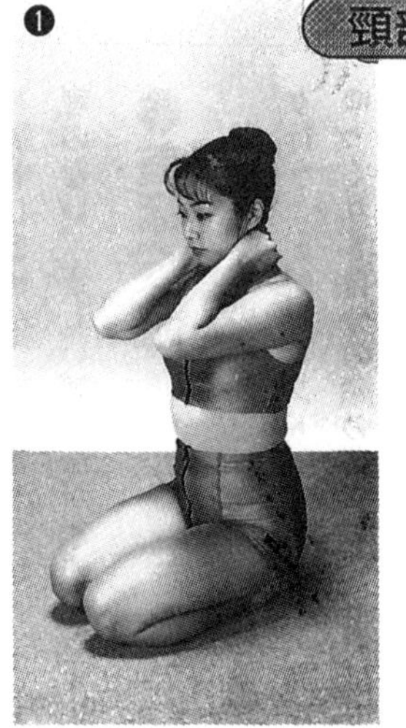

①坐下，雙手手掌抵住頸部後方。

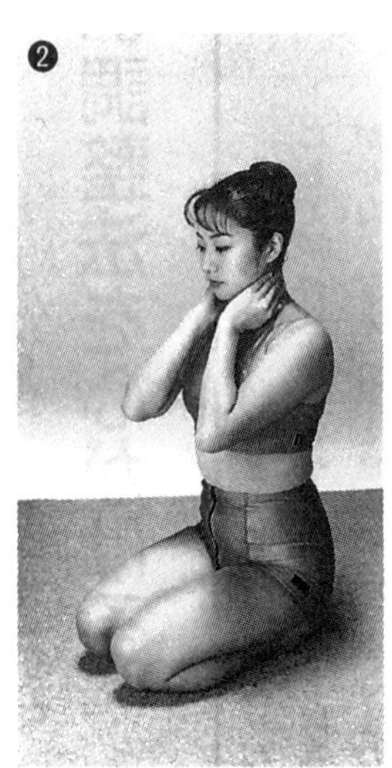

②用雙手手掌和指尖由頸部的後方朝前按摩。

繞脖子

●繞脖子

利用自己頭的重量讓每一條脖子的肌肉都能伸展。花一～三分鐘的時間慢慢繞行一周。交互進行。

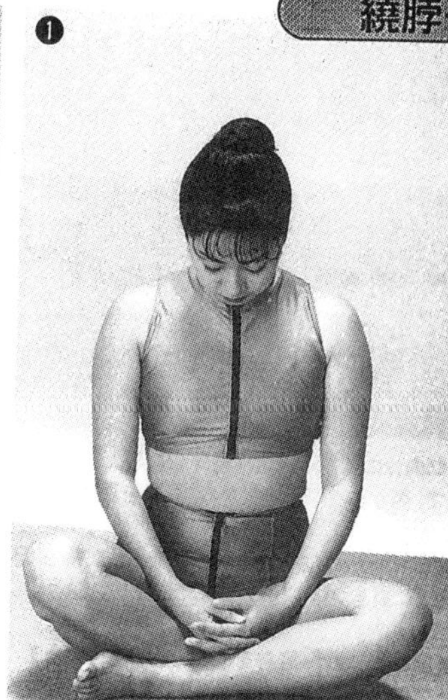

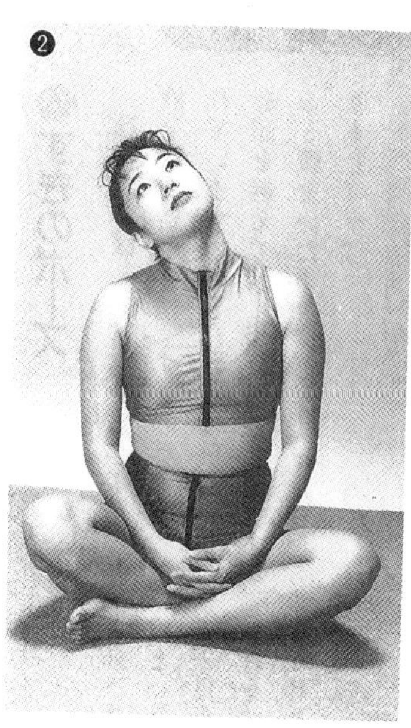

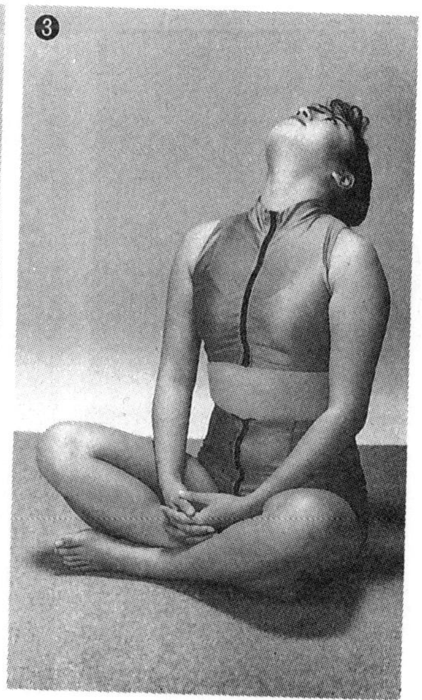

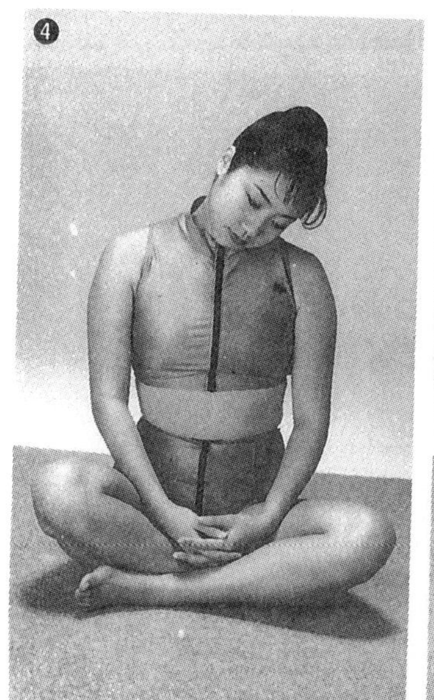

①～④利用頭的重量往前倒。從這兒開始好像伸直每一條脖子肌肉似的慢慢地繞脖子。一週花 1～3 分鐘的時間完成，再朝反相向繞。

犁姿勢

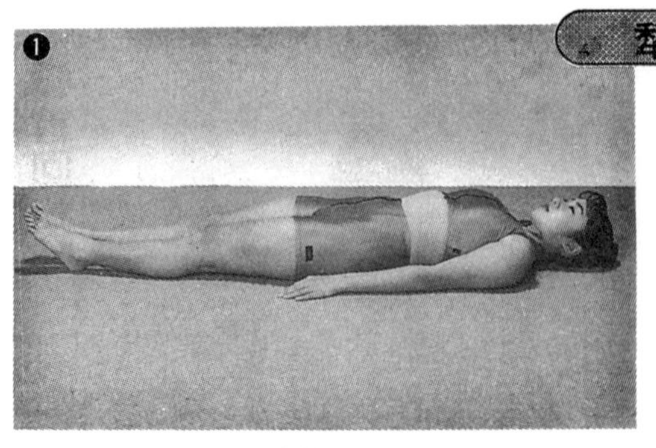

●犁姿勢

伸直頸椎，挺直頸部肌肉，將血液送達頭的「犁姿勢」是最快速的方法。手儘可能貼於地面，腳尖越過頭貼於地面，太過勉強會損傷腰，所以要觀察狀況慢慢地進行。

①雙腳伸直仰躺，手掌朝下。
②雙手維持原狀，從鼻子吸氣，雙腳上抬成直角。
③用雙手抬起腰，由口中吐氣同時足部倒下。伸直頸部肌肉，下顎貼於喉嚨，好像頸部貼於地面似的。
④雙手離開腰部貼於地面，腳尖越過頭貼於地面。即使腳尖搆不著地面，也可以以雙手支撐腰部。姿勢完成後保持 10～30 秒自然呼吸。還原時一邊吸氣一邊腳上抬，一邊吐氣同時還原到地面。最後進行安靜姿勢。

九　手臂、手肘——六條能量迴路通過的重要管道

太極拳必須放鬆手肘，保持手臂柔軟的曲線而展現動作，手臂緊張時動作不順暢。

手臂擁有三個關節，內側與外側有六條能量迴路（經絡）通過，是非常重要的管道，所以要去除各關節的不順暢，促進血液循環，這一點最重要。

●甩手（前後）

使用肩膀將雙臂朝前後反覆擺盪，是非常簡單單純的運動。擺盪手臂的速度不要太快或太慢。手肘不要彎曲，甩出時手不要越過肚臍的高度，朝後時靠著向前甩出的反彈力擺盪。以將手臂「往前帶、往前帶」的意識進行。這個運動可以調整呼吸，將氣運送到體內，具有與氣功同樣的效果。朝前後擺盪算一次，在心中數次數，藉著數數能使意識集中，消除雜念，對於大腦產生好影響。

甩手(前後)

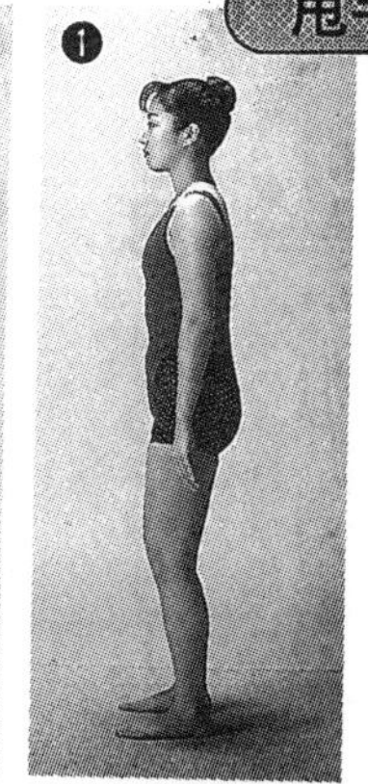

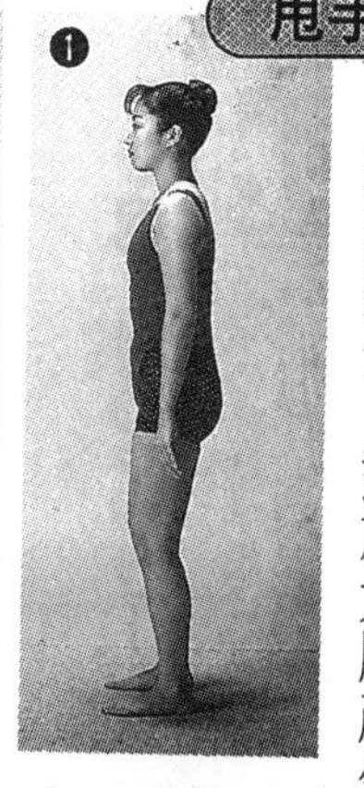

①雙腳張開如肩寬，膝稍微彎曲，兩腳拇趾用力站立。雙手自然垂於兩側。

②放鬆上身的力量、手臂的力量，手掌稍微張開，以腰為中心，手臂朝前方甩出。

③朝前方甩出的手臂自然還原後朝後方甩出。以前7後3的比例朝前後甩手，進行50～100次。

手臂的按摩

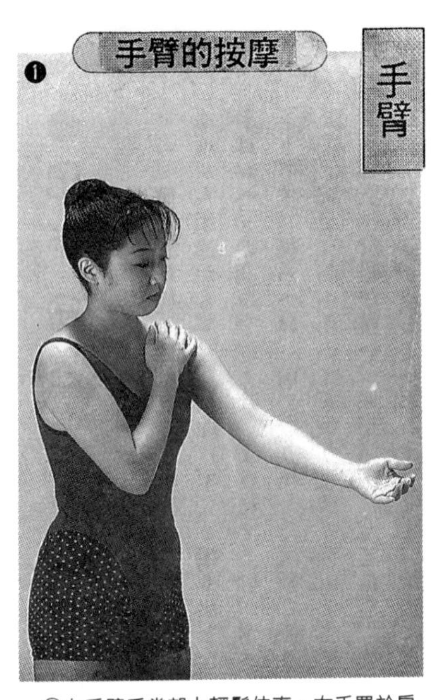

①左手臂手掌朝上輕鬆伸直。右手置於肩膀內側。

②從肩膀通過手肘內側，一直摩擦到手掌、指尖為止。

■手的經絡與穴道（三陽經）

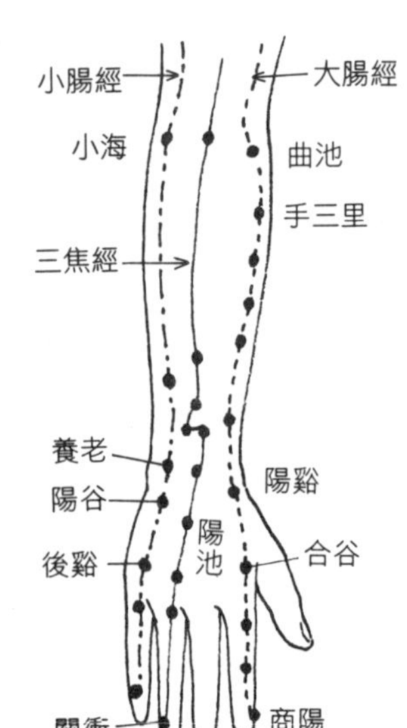

●手臂、手肘的按摩

東方醫學的經絡學說認為手的三陽經（大腸經、三焦經、小腸經）從手背側通過手臂外側，到達肩、頸和頭部。而手的三陰經（肺經、心包經、心經）則是從胸通過手臂內側，到達手掌側。因此，手臂的按摩能使十根手指敏捷，使經絡氣的循環順暢，預防各種疾病，而且能增進健康。尤其手肘的集中按摩特別有效。

●手肘的按摩

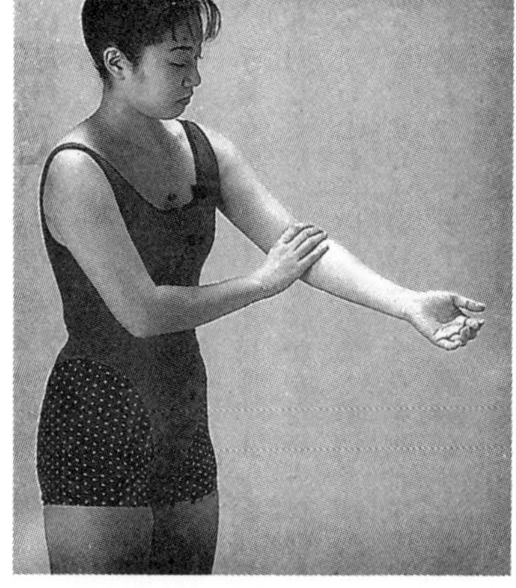

①用手集中上下按摩手肘的內側。外側也同樣地上下按摩。

③左手手背朝上，右手置於其上。

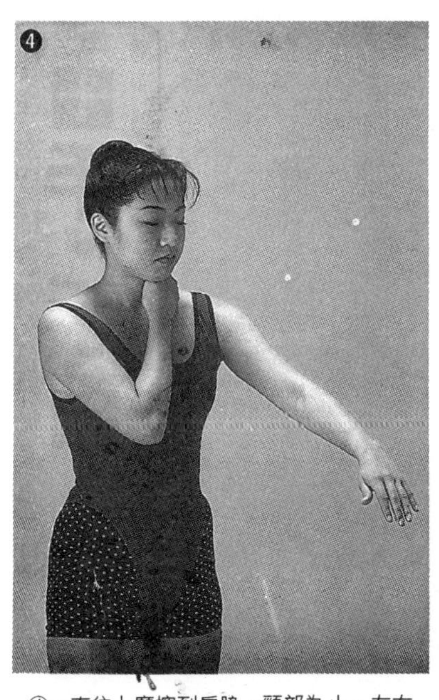

④一直往上摩擦到肩膀、頸部為止。左右手臂各進行 10～30 次。

■手的經絡與穴道（三陰經）

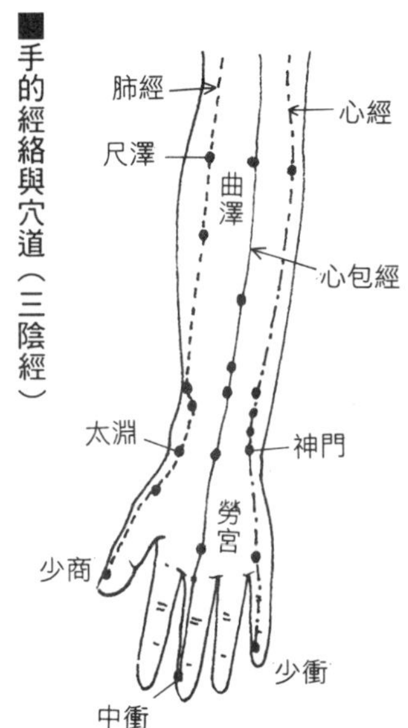

十 手、手腕——放鬆，從緊張、疲勞中解放出來

太極拳要將意識集中於手腕，加以按壓，指尖表現形而手腕具有重要的作用。日常生活中經常使用手和手腕，因此，這些部位很容易緊張疲勞。要使其放鬆，同時要盡量伸展。

●繞手腕

做出高呼萬歲的姿勢，放鬆肩膀、手臂的力量，繞手腕。在覺得舒適的範圍內慢慢地繞。一旦手腕僵硬時容易扭傷、受傷，受損之後很難痊癒。此外，手腕聚集許多刺激全身的穴道，給予刺激使得各機能功能旺盛。

繞手腕

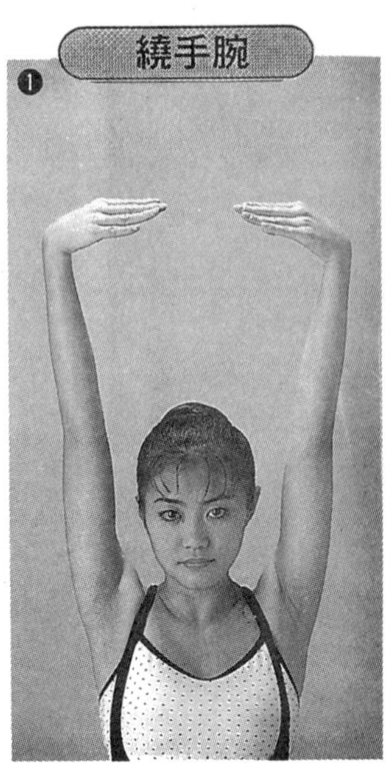

①高舉雙手，手掌朝下，慢慢地繞雙手手腕。

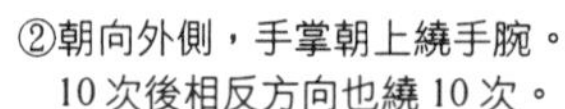

②朝向外側，手掌朝上繞手腕。繞10次後相反方向也繞10次。

手的按摩

●手的按摩

手掌和手背分佈許多重要的穴道。按摩手能使能量傳偏全身，而且使血液循環順暢。此外，手指在全身中是關節最多的部位，因此，要經常放鬆緊張。

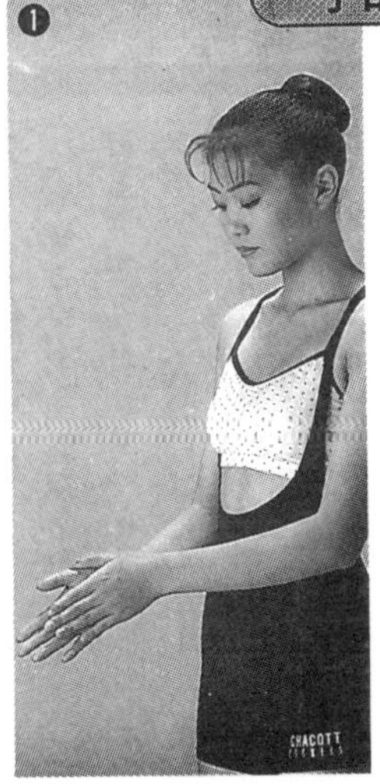

①雙手手掌貼合，摩擦36次。

②右手置於左手手背上，朝向手腕的方向反覆摩擦36次。相反手也進行同樣的動作。

③左手置於右手腕內側，朝向手掌的方向反覆摩擦36次。相反側的手也進行同樣動作。

●手腕後仰

①左手臂朝前方伸直手腕直立，用右手將手腕朝內側拉，使手腕內側後仰。相反地指尖朝下讓手腕朝下彎曲，用右手將其往內側拉，使手腕的外側向後仰。左右進行同樣的動作。

專欄

人體有七百多個穴道

運送能量線路的重點站在穴道

「減肥穴」、「疼痛穴」、「眼睛清晰穴」等，人類有很多穴道。其數目光是縱向穴道就有六百五十八個。穴道的歷史非常悠久，據說始於三千年前的中國。

穴道也稱為「經穴」，穴道是點而連接穴道的「經絡」則是能量循環的道路。運送能量的線路點的站，就是穴道。

穴道是人類的寶

那麼，人類是如何發現穴道的呢？古代人和動物同樣地，會舔傷口加以治療，或用手摩擦緩和痠痛、吃草消毒等。遊牧民族在沒有草的地方，則會利用一些尖的道具刺激以溫敷或冷敷。反覆經過幾次失敗後，根據本能和經驗，發現一些有效的部位。因此，據說共有七百多個穴道，是人類花了幾千年找出來的寶。

分佈於臉、頭部的穴道占整體的三成。此外，有很多穴道集中於腳底。談及穴道，大家立刻想到針灸或按摩，日常生活中當身體出現疼痛、疲勞或酸痛時，無意識中我們會用手去接觸這些部位，加以揉捏、拍打。知道自己身體較弱的部分，每天進行有效的按摩非常重要。

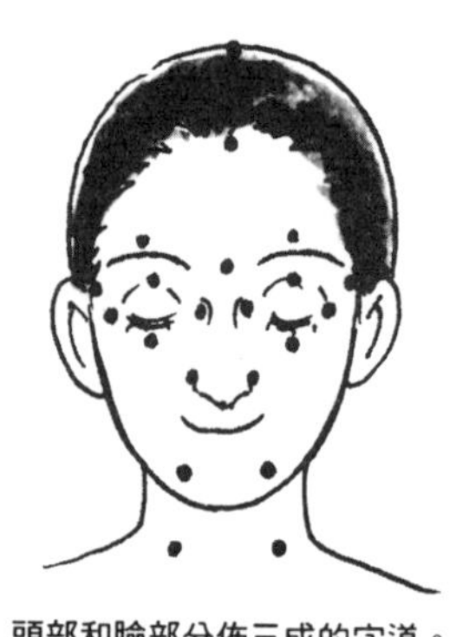

頭部和臉部分佈三成的穴道。

第4章

症狀別・我利用太極拳得到健康①

進行肺腫瘤手術後，為了復健而開始學習太極拳，效果超群，即使爬山或到海外旅行也OK！

八木典子（六十歲・主婦）

因惡性肺腫瘤手術的後遺症而煩惱

五年前做健康檢查時發現了肺腫瘤，立刻住院進行手術。手術順利，但是因為後遺症而有各種症狀的煩惱。

覺得一半的身體好像鐵板似的非常沈重、僵硬，旋轉頸部時感到疼痛，上抬手臂時也疼痛，無法拿高的東西。

八木典子女士

每天過著痛苦，不方便的生活，我想這樣下去不行，放任不管則症狀會越來越糟，於是打起了精神，決定進行復健。

這時，聽說太極拳的動作緩和，非常適合像我這樣罹患呼吸器官疾病的人做為復健運動，因此我開始學習。

一週一次，學習二小時，最初覺得非常累，練完太極拳後全身非常疲憊，勉強打起精神走向回家之路。

這時，我才發現自己手術後完全沒有體力，感到非常鬱悶。

所幸雖然心情鬱悶，可是希望能盡早復原，克服後遺症，希望能創造體力，因此到了下一週時很自然地又前往太極拳教室練習。

我漸漸覺得「自己也能辦到了」。

手臂能上抬，能拿下放在架子上的箱子了

身體逐漸習慣後，太極拳已經融入我的生活中了，練習了一年半之後，想要拿架子上的箱子時，我突然發現「哎呀！手臂能抬起來，不會疼痛了」。

今年已經是練習太極拳的第五年了，最近不再感到頸部疼痛。身體輕盈，走路也覺得很順暢，而且沒有感冒。也許你會感到驚訝，我能夠爬山，也能到海外旅行，沒有任何不安或擔心。

前年前往中國旅行時，看到在公園各處都有人打太極拳，雖然我沒有勇氣和他們一起練習，但是回到國內後就勤加練習。

利用太極拳克服惡性肺腫瘤後遺症。

因為腦梗塞的復健而開始練習太極拳，心情穩定而充實

西村照子（六十九歲・主婦）

八年前因爲腦梗塞而過著住院生活

我年輕時很喜歡爬山，經常去爬山，因此對於健康、體力、腳力稍有自信。

但是八年前身體突然失去力量，說話不清楚，感到很驚訝而到醫院檢查，診斷為輕微的腦梗塞，因而住院。

腦梗塞是因為腦血管老化或膽固醇等而使血管變得狹窄，腦的血液循環不順暢的疾病，早期發現治療不會有很大的後遺症，復原情況也不錯。但是聽說罹患腦梗塞的人，有些人會出現痴呆的現

為了進行腦梗塞的復健而開始練太極拳後心情穩定。

西村照子女士

象，或是腳力很差，因此，醫生建議我多活動身體，做復健運動。

但是我大病初癒，而且因為年紀大了不能從事劇烈運動，不知該做些什麼，這時知道了太極拳和氣功，於是開始學習。

利用「不慌不忙」的太極拳維持健康

練太極拳的人大都是年輕人，我是年紀最大的人。

「會不會踩到大家的腳呀！」我感到很擔心，但是麻生老師說「不要勉強，配合自己的情況，在中途休息一下也無妨」，因為他不斷鼓勵我，於是我持續練習，已經過了六年。

我的膝不好，因為比較胖所以減肥也成為課題之一。可是過於勉強而且我又偷懶，因此只好多練太極拳和氣功。

在家中的二樓練習由太極拳教室學到的動作。但是有時附近鄰居都會前來，或是郵差會來，以致無法好好地練習，但我還是靜靜地進行呼吸法和冥想，覺得心靈獲得洗滌，非常清爽，身體也變得輕盈了。

學習太極拳後覺得心情穩定，過著充實的生活。

為了健康與復健而開始練太極拳和氣功，因此，並非為了純熟的技巧而練。可是只要擁有安祥的平常心，快樂地生活就夠了。所幸太極拳沒有任何的競爭。正如麻生老師所說的，以「不慌不忙」的心態持續練習就可以了。

異常冰冷的手變得溫暖，持續服用的慢性胰臟炎藥物也不再服用了

坂本妙子（五十一歲・主婦）

利用太極拳使血液循環順暢，治好手腳冰冷症

坂本妙子女士

開始打太極拳已經第四年了，這一、二年來藉由太極拳之賜產生很多好的反應。有些是我自己感覺到了，有些是別人告訴我的。

首先是手腳冰冷症，我的手腳都非常冰冷，最近手溫暖了。

以往不小心碰到他人的手時，例如買東西要付錢時，大家都發現我的手很冰冷而感到很驚訝，「哎呀，你的手好冷呀！」對我這麼說。

但是，最近碰到我的人都對我說「你的手溫暖了」，我自己也感覺到這一點。

事實上，以前我沒有見過比我的手更冷的人，而最近我經常遇到比我的手更冷的人。這就表示我的血液循環順暢了。

慢性胰臟炎好轉不再需要藥物了

雖然沒有生過大病，但是內臟較弱，

利用太極拳鍛鍊足腰，能輕鬆地爬車站的樓梯了。

屬於瘦弱型體型，缺乏持久力。打太極拳練習足腰，逐漸產生力量，以往對我而言較感吃力的車站樓梯也能爬上去了。

不使用電梯，經常利用樓梯。內臟狀況良好，因為慢性胰臟炎而常年服用的藥物也不再服用了。

這些是我自己感受到的情況，而最近朋友對我說「最近你很有元氣耶！」我不知道哪裡產生了變化，但是不論是從電話中傳來的聲音，或是見面談話時，大家都認為我的聲音和心情非常開朗。

事實上，我也覺得自己恢復了元氣。

我想，藉著太極拳我得到了平常心和平靜心。

感覺焦躁時或遇到麻煩時，實行太極拳的呼吸法而覺得心情平靜，而且也產生了溫柔之心。

麻生老師告訴我心靈會影響健康，我覺得的確如此。

太極拳與我的生活已密不可分。

去除腰痛、肩膀和頸部的痠痛，太極拳成為人生的舵手

中村努・惠美子（四十三歲・四十歲・經營餐廳）

擁有健康的工作與人生，從早晨太極拳開始

前年春天在地方報上看到「願不願意將太極拳、氣功納入生活中」的報導。

中村努・惠美子夫婦

我們夫妻經營餐廳，每天都很忙，因此身體失調，覺得不太舒服。

但是身體是資本，想要擁有健康的工作與人生，於是二人加入早晨太極拳。就從「早安」的打招呼開始，進行呼吸法後進入準備體操、簡化二十四式太極拳。參加者都是初學者，全部都跟著麻生老師的動作加以模倣，很快就結束了一個半小時的練習。結束後身上流著汗，趕緊走向回家之路。

回去後立刻為開店做準備，同時準備早餐，非常忙碌，可是卻覺得神清氣爽，覺得早晨的太極拳一點也不會痛苦。

腰痛和身體的痠痛及疼痛消失了

擁有好的同伴互相鼓勵，就這麼過了一年感到技巧越來越純熟，到達唯我獨尊

早晨的太極拳使我們得到健康，擁有充實的工作與人生。

的境地，結果發現丈夫的腰痛，我的肩膀和後脖頸的痠痛全都消失了。

太極拳非常輕鬆，熱衷於太極拳時連身體的失調都能改善，令我感到很驚訝，真是太棒了。

今後將會進入一個老化與高齡的未知世界。也有更年期等待著我們。但是，利用太極拳改善身體的失調，心情放鬆，身體健康了，二人都認為能夠走向健康的未來。

我們在工作中最高興的就是聽到客人說「真好吃」這句話。不只是料理，整個用餐的時間都能以一種興奮的心情來享受，實在太棒了。

為了能經常聽到這句讚美的話，身心的健康對我們二人而言是不可或缺的。

今後太極拳在我們二人的人生中還是重要的舵手。

專欄

太極拳的起源

太極拳的創始者張三豐

關於太極拳的起源有各種不同的說法。其根源可追溯到十二與十四世紀，都是始於張三豐這個人。

傳說張三豐在謁見宋朝皇帝的途中，在武當山的山中遇到強盜。四面都被敵人包圍，迎向悲慘的夜晚。但是晚上在夢中出現了武當山的山神，教給他必殺的拳法。第二天，三豐以一敵百，利用山神傳授的拳法奮戰，擊敗所有敵人。

山神傳授給他的拳法是全新的武術，張三豐加以改良，命名為「內家拳」。這個拳法成為後來太極拳的基礎。

動物的動作是太極拳動作的根源

此外，太極拳的動作中融入許多動物的動作，因此也有以下的傳說。十四世紀時，在武當山修業的張三豐，有一次看到孔雀和蛇爭執，他躲在一旁仔細觀察，從這些動作中發現了太極拳理論。

此外，據說他也持續探索有長壽象徵的鶴和龜的生命力之謎。

太極拳是將偉大的自然界與神秘合而為一的拳法，因此也是一種健康術。

動物的動作是太極拳的根源。

第 5 章

太極拳創造健康的十大理由

太極拳為何對身體有效的十大理由

①開始練太極拳呼吸深沈

開始練太極拳半年之後，呼吸穩定，爬樓梯或小跑步，呼吸都不會紊亂。這就證明心肺功能提升了。

太極拳的基本在於呼吸。

呼吸的方法包括擴胸吸氣的胸式呼吸，以及藉著橫隔膜吸氣的腹式呼吸，太極拳主要是使用腹式呼吸。呼吸細長、平均、緩慢為其特徵。

腹式呼吸是下意識地移動橫隔膜，持續練太極拳，橫隔膜的作用範圍會更為增大。運動範圍比平常增大三～四倍，肺活量增加。橫隔膜下降一公分時，吸入的空氣增加三百CC。肺活量是測量呼吸機能的一大指標，如果數值低於一般的平均數值，則普通的輕微運動或勞力工作會使呼吸困難，感覺空氣不足。

同時，呼吸數也會產生變化。呼吸加深、加長，比起熟睡時的呼吸數更少。一旦呼吸快而大時，心跳快速，增加身體能量的消耗量，相反地，細而少的呼吸、緩慢的心跳次數能降低能量的消耗量。

第一章介紹的「任何人都能立刻學會的健康太極拳——站樁功」，是靜靜反覆進行深呼吸的動作。運動後不會覺得呼吸困難，感覺非常爽快，即使是老年人或呼吸機能較弱的人，都能安心進行。

深呼吸使心情穩定

中國人認為人類有「喜、怒、憂、思、悲、恐、驚」七情，發揮各種作用，對人類的「氣」產生作用。

持續練太極拳呼吸深沈後，這些「情」不會紊亂，能夠得到精神的安定。如果是紊亂的心，則發出來的氣是暗氣、陰氣。

利用「平氣樁」、「升降樁」、「開合樁」訓練呼吸法，逐漸就能產生開朗的氣。開朗的氣是活動身體的原動力。

深沈的呼吸使情緒穩定。

②太極拳使血液循環旺盛

第一章的運動是只要花十～十五分鐘的輕鬆運動，如果能夠完成一套運動，則體內從指尖到腳底都會非常溫暖。

手腳變得溫暖，表示動脈與靜脈的接點（動靜脈吻口）能順暢發揮作用，血液循環順暢，在身體內側產生大運動。

當體內的運動量提高時，新舊細胞的交換等新陳代謝旺盛，流到身體各血管的血流量增加，因此血液中的紅血球和血紅蛋白等增加，能夠將增進健康的營養物質運送到全身。

常聽人說：「血液循環順暢。」要使血液循環順暢，就必須吸入大量的氣，吐出二氧化碳，有氧運動對於氣體交換有效。

太極拳是使用氧的運動，是有氧運動

。利用太極拳使氧充分溶入紅血球內，供給全身各細胞促進新陳代謝，使全身細胞旺盛。

使骨細胞的新陳代謝旺盛，
強健骨骼防止骨質疏鬆症

人體的骨骼有顱骨、背骨、肋骨等二○六個各種骨所形成。這些骨細胞是利用血液不斷地進行新陳代謝（破骨、造骨）。

此外，骨細胞沒有壓力或刺激時，鈣質會減少而形成脫灰現象。如果持續幾天在無重力圈生活的太空人，因為無重力而沒有辦法站立走路，會引起脫灰現象，因此骨會藉著地球的引力或空氣的外氣壓而強化。

刺激（壓力）能使骨吸收鈣質，因此活動肌肉加諸體重才能使骨強健。

太極拳是毫不勉強的動作，能均勻活動全身的肌肉，雙腳穩穩踩在地面上支撐全部的體重，保持平衡而移動體重，對骨而言擁有很多好的動作。也就是說，太極拳能夠強健骨骼，最適合用來防止骨質疏鬆症。

太極拳使用全身的肌肉，能防止骨質疏鬆症。

③太極拳使自律神經平衡順暢

身體倦怠、容易疲倦、頭重、消化不良等，都是疾病的主要症狀。但是經過幾次的檢查卻無異常，因此，判斷身體所出現的不快感或變調，是因為自律神經紊亂所引起的，這種例子急增。

自律神經包括交感神經與副交感神經，交感神經在身體活動時發揮作用，副交感神經在從緊張中解放出來，放鬆的時候發揮作用，具有相反的功能，能自動調整內臟等體內諸器官。

健康的人這二種神經能保持平衡，但是當平衡失調時就會產生各種症狀，稱為自律神經失調症。包括倦怠、頭重、肩膀痠痛等症狀不定愁訴症候群會出現。

腹式呼吸能抑制交感神經的異常反應

自律神經是無法靠我們的意識控制的神經。但是，卻有能夠按照個人意識使其發揮作用的方法。那就是腹式呼吸。

配合呼吸放鬆身體的力量，使腦進入休息狀態，使配合腦的作用充分運轉的交感神經休息，這時造成放鬆反應的副交感神經就能調整身體。放鬆對身體的壓力反應，製造出有利於放鬆的條件。

太極拳的基本是呼吸法，效果之一如①所述，太極拳會對自律神經產生作用，有形無形地發揮各種效果。

使神經集中的太極拳能使自律神經發揮正常作用

壓力原因包括氣候或環境等外在要因，以及自律神經失調所引起的內在要因，內在要因幾乎都可以藉由太極拳而改善。

平衡的自律神經能使血液循環順暢，藉著肌肉的活動使自律神經發揮旺盛的作用。也就是去除雜念，集中神經活動身體的太極拳，能使自律神經的功能恢復正常。

④太極拳能鍛鍊肌肉

開始練太極拳不久之後，很多人最初

覺得疼痛的部位，就是從腰到膝的大腿。這是因為太極拳經常要以中腰的姿勢進行動作，以腰為主，活動腳和手臂，用腳尖站立，用腳跟踢出，用單腳站立等動作都會出現。

由於動作緩慢，所以絕不能馬虎，正確地對肌肉產生作用，給予刺激，才會造成這些現象。

身體產生疼痛，表示平常沒有使用的肌肉已經使用到了，對於健康而言非常有益。

強化腳的肌肉，也能強化心臟

腳有第二心臟之稱，鍛鍊足腰，使腳肌肉的幫浦作用旺盛，促進強力血液循環，減輕心臟的負擔。

人類靠雙腳走路，血液容易積存在下方。但是，頭腦需要大量的氧，所以必須不斷送入新鮮的血液。如果腳偷懶時，積存在下方的血液無法往上推，會對心臟造成極大的負擔。

利用太極拳強化足腰，能有效提高血液的循環機能，尤其是心臟的機能。

利用全身的運動太極拳鍛鍊均衡的肌肉

家事勞動大都是蹲的姿勢，而工作則是經常坐在椅子上或站立，持續不自然的姿勢造成肌肉的酸痛。

肌肉不使用時二週就會萎縮，逐漸退化。當然，也會失去身體的柔軟性，身體變得僵硬。

身體柔軟地活動，令人覺得很舒服，也意味身體所有的機能都正常發揮作用。

太極拳不論哪個動作，像「彎曲」、「扭轉」、「伸直」等都是人類的自然動作，以圓運動為基本，均衡搭配組合這些動作，所以每個動作都不會造成勉強。同時，是全身運動，能使身體各部分均衡發達，也有強化肌肉．骨骼彈力的作用。

⑤太極拳使腦的功能活絡

國人與歐美人相比，使用的並不是對於美的音樂或美術會感動的「右腦」，經常使用的是了解語言的意義，進行記憶的「左腦」，也許太過於尊重知識或記憶力了。也就是說，腦的使用方式偏重於某一方面，所以應該多使用右腦，使腦更為活性化。

腦細胞是體內需要大量氧的部分，占全體氧消耗量的二成。氧和營養素是由血液運送的，因此，為使腦的情報傳達、腦的命令系統旺盛，腦的血液循環很重要。如果身體的血液循環順暢，腦細胞能擁有大量的氧，使腦的活動旺盛。

太極拳能夠補給腦的氧，同時具有使左右腦平衡發揮作用的效果。太極拳的動作全都要下意識進行，需要外在的動作與內在的「氣」的統合。例如「起勢」是雙臂慢慢上抬的動作，形式上很單純，只不

利用太極拳鍛鍊平衡的肌肉。

過是雙臂向前上抬而已，但是不是隨便將雙臂往上抬，事先必須在腦中下意識地將雙臂往上抬，才能產生動作。

也就是說，事先藉著腦的意識進行，成為提高大腦功能的訓練，也有助於提升感覺。此外，腹式呼吸對於腹部的腹腔神經節和自律神經產生週期性的刺激，能使腦活性化，有助於鍛鍊生命力。

現代醫學無法了解的太極拳神奇效果

中國醫學認為即使病原菌侵入體內，個人所具有的免疫力或健康維持能力，體內的正氣只要產生強烈反應，就能防止疾病。

太極拳藉著改善姿勢、動作及呼吸法，保持自律神經的平衡，使全身各器官的機能旺盛。同時，藉著集中心智，而使掌管生命活動的腦的功能旺盛，提高免疫力和自然治癒力。整體的功能發揮了神奇的效果，能夠預防及治癒現代醫學無法了解的疾病。

⑥太極拳調整排便

便秘可說是現代文明病之一，尤其是女性和老年人的一大煩惱。

排便次數因人而異，有的人一天三次，有的人三天一次。如果四天以上不排便就是便秘。事實上，如果偶爾排出硬便或排便困難，或必須用力排便，都算是便秘。

其原因包括腸的異常，飲食生活紊亂、壓力，胡亂使用瀉藥等，一般而言是腸的蠕動運動的問題。為防止便秘，養成每天快便的習慣，使腸的蠕動運動旺盛，是最好的方法。

太極拳的基本，就是意識集中於腹部，進行腹式呼吸，腹式呼吸對於腸的蠕動運動具有非常大的效果。

反覆進行腹式呼吸，擴張橫隔膜的寬度，增大振幅，就能使胃腸的蠕動運動旺盛。同時，週期性地對胃腸產生壓縮按摩作用，就好像接受按摩同樣的狀態，使得腹部的溫度上升，當然能促進胃腸的血液循環，促進消化吸收機能。

太極拳的腹式呼吸能強化腹肌。

腹式呼吸調整腸的蠕動運動，治療下痢

通常腸較弱的人容易下痢，因為腹肌力較弱，排便力不足，當然有便秘的傾向。意識集中於腹部進行腹式呼吸，使腹部鼓起及凹下，強化腹肌非常重要。

腸內有效細菌、有害細菌，以及介於兩者之間的觀望菌等有一百三十種，一百二十兆個細菌棲息。在健康狀態下，有效菌類占壓倒性多數，當有害菌占優勢時，是引起各種疾病的原因。便秘或下痢是通知腸的異常之危險信號。太極拳能使腸的運動旺盛消除危險。

⑦太極拳使血壓穩定

太極拳使自律神經平衡順暢，這點在③中已敘述過了，自律神經與血壓有密切的關係。太極拳對於血壓也能產生作用。

太極拳非常緩和，不會用力，緩慢、悠閒、毫不勉強的動作，能有效地抑制興奮的交感神經，使血壓穩定。

血壓是心臟送出血液的壓力，沒有這個壓力時血液無法循環全身。但是壓力過高時血管可能會破裂，因此保持血壓正常值非常重要。

今日的生活不斷產生變化，我們的身心都沒有休息的時間，一整年都處於緊張狀態中。

過度的緊張使得交感神經異常興奮，與副交感神經之間的平衡失調，血管收縮、血壓上升。但是，利用太極拳緩慢地活動身體，能促進副交感神經的作用，去除全身的緊張，放輕鬆，與交感神經之間達到平衡，使血壓恢復正常值。

太極拳的自然動作使血液循環順暢

太極拳並不是緊縮肌肉的僵硬動作，而是進行讓人很舒服的肌肉運動。

適度的肌肉運動能使血壓穩定。

這種適度的肌肉運動，藉著血管的收縮、放鬆，使得血管恢復柔軟性，血液循環順暢，不需要使用過多的壓力就能使血液循環，具有抑制血壓上升荷爾蒙的作用。

太極拳對人類而言是自然動作搭配組合而形成的，能夠毫不勉強地使全身機能正常化，沒有什麼特別毛病的人，也具有降血壓的作用。但是，如果有動脈硬化或容易出現血栓症的人，太過勉強會造成反效果，因此必須注意。

太極拳並非對症療法，而是進行根本的體質改善。

⑧太極拳能夠有效的防止老化

所謂「老化從腳開始」，因為運動不足，使足腰、肌力衰退而造成老化。但是，與創造性有關的右腦在運動中能夠活性化，活動腳與腦的老化有密切關係。

手（手指）與腦的關係比腳更為密切。在腦中支配手的部分比支配腳的部分更寬廣，指尖纖細的運動對於腦廣泛部分造成刺激，使整個腦活性化。右手在左腦支配下，左手在右腦的支配下，所以對於左、右兩邊的腦給予平衡的刺激，必須使用雙手。為了防止老化，據說打麻將和演奏樂器很好，因為一邊活動指尖能使感覺和意識發揮作用，才能產生這種現象。

利用太極拳防止老化

神經通達手腳的指尖，充分活動手指、腳趾，同時加入前後、左右活動的太極拳動作，可以說是腦的防止老化運動。

對於「沒有辦法做困難動作」的老年人而言，第一章所介紹的「健康太極拳」（初級課程）可以持續進行。全都是能將神經集中於手指、腳趾的有效動作。

平衡運動最適合防止老化

隨著年齡的增長，站著、坐著時有時會失去平衡而跌倒，這是因為腳的肌肉老化，再加上重心不穩所造成的。如果不能正確進行重心的移動，就會變得不穩定而容易跌倒，或是遭遇意想不到的傷害。

太極拳的運動中著重腳的運行及移動的平衡，也算是一種訓練。如果腳的運行和重心的移動順暢進行，背脊挺直時，看起來年輕十歲。

第一章所介紹的「攬雀尾」，身體的重心朝前後左右自由自在地移動，成為美麗的全身平衡運動。手的活動帶動腰的動作，腳也跟隨著視線移動，如果有一處不動就會造成整體的紊亂。

先前介紹的太極拳中，有一些困難動作，但是一定要熟悉。

⑨太極拳對於疾病的恢復期，復原非常好

因疾病的療養而不能活動身體，大家認為盡可能躺著不動是最好的方法。但是除了特別嚴重的疾病之外，長期保持臥病在床的狀態會造成很多弊端。

最近像闌尾炎或子宮肌瘤等比較輕度手術，手術後一～三天內，很多醫院會指示患者自己走路去上廁所。據說儘早活動身體復原情況比較好。

持續靜養、臥病在床的狀態，減少來自運動的刺激，會使心肺機能衰退，氧攝取能力降低、肌力衰退。體調不好而躺了二～三天，腳的力量減弱，站起來時也覺得雙腳無力。症狀稍微復原後就要趕緊練太極拳。

太極拳是將體重置於自己的雙腳站立，不光只是移動身體而已，也是依照自己的意思展現動作，這一點非常重要。第一章所介紹的「平氣樁」、「開合樁」、「升降樁」等，不會因為動作而產生副作用。反而能夠自然地恢復機能，使其發揮正

常的作用，所以可以產生根本的治療效果。如果動作困難時，只要光站著做「預備姿勢」也無妨。如此一來，就能加快恢復健康的速度了。

太極拳最適合當成病後的復健運動。

利用太極拳消除壓力的效果，與去除交感神經的緊張、降血壓的效果，以及促進新陳代謝、增加血液循環的效果等，都能對疾病的復原發揮有效的作用。

將太極拳當成病後的復健運動

出院後或病後，任何人都會對體力感到不安、擔心。但是，過於重視體力反而會使復原較慢。

「可以打太極拳嗎？」

太過擔憂而無法展現行動，反而會失去體力，造成體調受損。出現惡性循環則疾病無法復原。應該要儘早脫離這種惡性循環。當然不能做劇烈運動，但是可以慢慢地，多花點時間進行。

⑩利用太極拳達到身心的調和

「以前半夜清醒好幾次，經常無法成眠，開始打太極拳後睡得很好」，經常聽到有人這麼說。因為失眠而苦的人經由打太極拳而發出感謝之心的人非常多。

任何人一旦活動身體，肉體就會疲勞。但是很少人察覺到這與健康有關，因而捨不得勞動自己的身體，結果卻罹患疾病。但是，如果胡亂活動身體會造成反效果。

太極拳是一種自然、毫不勉強，以腰為主的旋轉運動，同時手腳取得平衡，產生適當活動的全身運動，打完太極拳後覺得情緒穩定，同時也產生一種爽快的感覺。

身心調和，當天晚上就能產生快眠。睡眠對於健康而言是不可或缺的。睡得好能使腦形成充分運作的狀態，擁有充實的工作與生活。

健全的精神寓於健全的身體

道具不使用就會生鏽，人體不使用也會受損，活動身體讓人覺得舒服。這就表示身體所有的機能都能正常發揮作用，但是如果忘了好好活動身體，就容易情緒低落、焦躁、易怒。

開始打太極拳，覺得心情非常積極，不再感到憂鬱了。經常可聽到上述說法。有的人說人際關係改善了，精神的困擾也消失了，能集中精神於課業和工作上，也就是說太極拳的效用甚至能達到精神的活性化及能力的提升。

太極拳能夠提升成為體力條件的防衛能力（器官或組織、免疫力），同時也能提升精神要素（意思、判斷、欲望，對於精神壓力的適應力和抵抗力）。

如果你感覺「身體沈重」或「動作遲鈍」、「焦躁」時，就開始打太極拳吧！

專欄

精氣在「丹田」

精氣聚集的場所是丹田

經常聽人說：「氣沈丹田、精神集中」。「丹田」在肚臍下方三公分處。就是所謂下腹的部分。

下腹在肚臍和性器之間的「丹田」部，是人的精氣聚集處、收藏處，鍛鍊此處能使身心充滿精氣，過著精力充沛的生活。

鍛鍊丹田預防疾病

中國漢方認為丹田相當於「腎臟」。但是，這個腎臟並不是指西方醫學的泌尿器官科的腎臟。「腎」是生命的泉源。腎氣是元氣的根源。漢方醫學認為腎氣強則生命力強，不易衰老，壽命較長。漢方醫學所說的「腎臟」是指西方醫學的「腦下垂體荷爾蒙」，尤其是「性腺荷爾蒙系統」。與人體的發育、衰老、呼吸、消化、生殖、體液代謝、骨髓、腰、耳、排泄等生命的一切有密切關係。

鍛鍊「丹田」的簡單方法，就是先放鬆深呼吸。就好像用「丹田」呼吸似地，從口中吐出細長的氣息，由鼻子吸氣。鍛鍊「丹田」調節腦下垂體、性腺荷爾蒙，有助於預防疾病。

專欄

楊式太極拳之父 楊露禪的故事

長達十年以上的修業生活

現在太極拳分為五大流派。其中最著名的就是楊式派。楊式的始祖楊露禪是在據今二百年前，出生於中國的永年縣之農家子弟。少年時代在偶然的機會中看到商店老闆打倒暴漢的拳法而感到很驚訝。知道這是太極拳之後，露禪趕緊加入稱為太極拳第一人者的陳長興門下，成為其弟子。

經過六年修業而回到故鄉的露禪，在武術比賽中失敗。認為自己的技巧還不熟練的他再回到陳長興處，再修行六年，又回到故鄉，但再度參加比賽還是沒有獲勝。

跟隨師父學習十二年，但是還是沒有辦法了解其深義的露禪，非常沮喪，於是陳長興將親朋好友及弟子齊集一堂說：「露禪跟著我修業十幾年，卻認為自己的技巧不純熟而三度回來。這種執著的毅力我們比不上他。樹木年老之後樹枝也會斷絕。因此，我要將秘傳授給露禪。」

站在太極拳頂點的楊露禪

於是師父將絕招傳給露禪，藉助第三次修業之道，二年後師父對露禪說：「我已經沒有什麼可以教給你了」，後來他所向無敵，被稱為「楊無敵」。成為清朝政府的武術教師，站在太極拳頂點上的露禪，對於純粹想求道的人會將他的絕活傾囊傳授，想以此當成權力道具的人，則絕對不開教導之門。

第 6 章

了解之後有所幫助的太極拳基本知識

了解之後有所幫助的

太極拳基本知識

太極拳是「柔中宿剛、綿中藏針的藝術」。技術面、生理學面、力學面都非常優秀。本章為各位介紹能夠立刻納入日常生活中的簡單太極拳，分為「姿勢」、「步法」、「手法」、「眼法」為各位介紹。

一、姿勢

看個人的姿勢就可以知道哪裡生病了。背骨的兩側有自律神經通過，因此，背骨彎曲則自律神經受到壓迫，在其支配下的部分就會產生毛病。

胃或肝臟較弱的人，大都駝著背，心窩陷凹。肺或支氣管、心臟較弱的人胸較狹窄，或肩膀呈現垂掛的姿勢，或相反的形成過度後仰的姿勢。此外，便秘或下痢等腸較弱的人，或是腎臟、泌尿器官及生殖器官較弱的人，腰椎彎曲、肚子後縮，有側坐的毛病。

腰是身體的重要部分，腰的問題會引起腰痛，同時對於背骨、頸骨、喉嚨和臉部、頭部及下半身都會造成毛病。反之，藉著改正姿勢就能使疾病復原。

正確的姿勢很多人認為是緊張的姿勢、彆扭的姿勢、痛苦的姿勢，但是正確的姿勢是指最輕鬆的姿勢。身體任何一個地方都不會覺得勉強，即使長時間持續同樣的姿勢都不會覺得疲憊，而且精神狀態也非常舒適的姿勢。

符合生理學原理的太極拳，讓你學到正確的姿勢。

太極拳的姿勢並不是努力抬頭挺胸的姿勢。像「含胸拔背」並不是挺胸，而是稍微放鬆胸部、氣沈丹田的姿勢，這是基本姿勢。一旦挺胸時氣停留在胸，上身較重，所以要放鬆腰部，加強兩腳的力量，使下半身穩定。這種下半身充實，上半身優閒的「上虛下實」的姿勢，就是太極拳的基本姿勢。上半身臀部、背部、後頭部保持筆直。背部貼於牆壁時，臀部到後頭部全都能貼於牆壁的姿勢。

從頭到腰想像在身體的中心有一條心棒。收下顎，想像頭頂百會穴有一條看不見的線往上拉，這樣就能保持美麗的姿勢。

此外，膝和股關節，不論站立、步行或坐著都要放輕鬆。這對於保持身體的挺直是非常重要的一點。

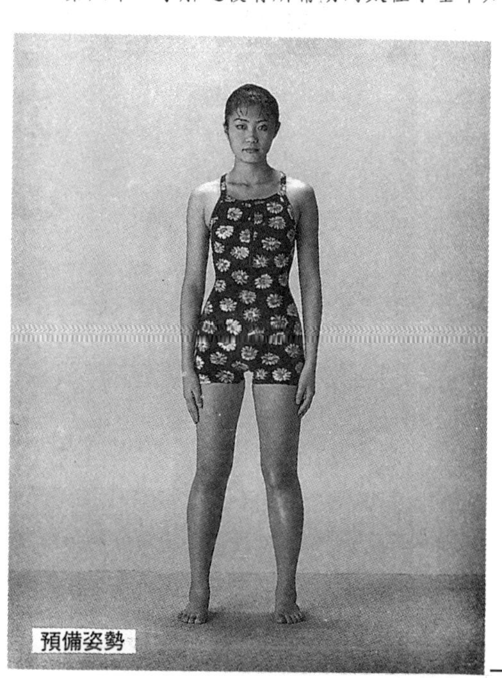
預備姿勢

A、基本姿勢

●預備姿勢

全身優閒筆直站立。雙腳張開如肩寬，手置於兩側，雙臂下垂，放鬆肩關節，放鬆手指。頭挺直、以下顎看前方。去除雜念，平靜心思。

基本姿勢

預備姿勢

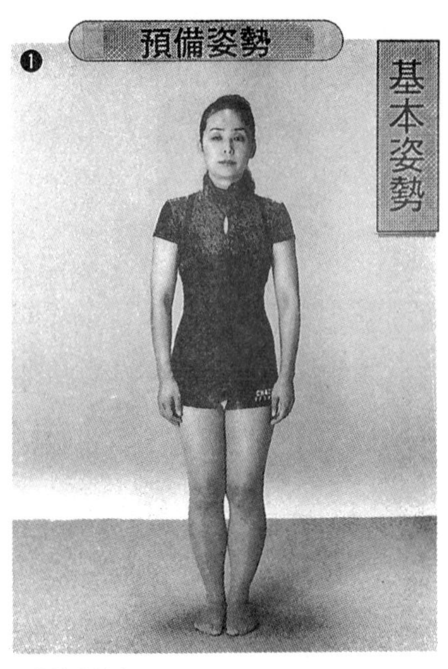

①筆直站立。

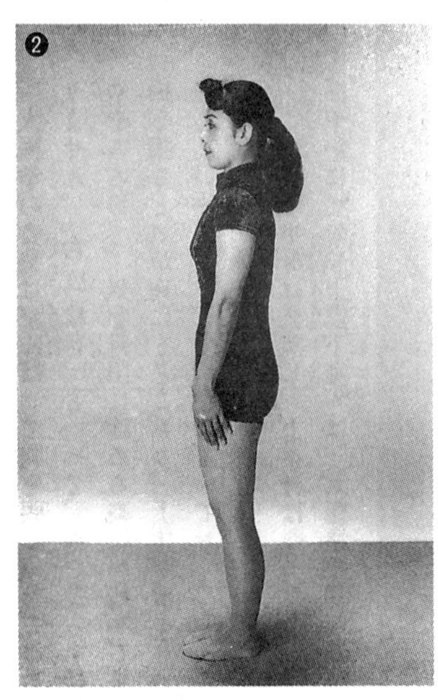

②從側面看①的狀態。

起勢姿勢

●起勢姿勢

腳張開如股關節寬或肩寬，據說這個寬度是即使長時間站立也最不容易疲累的寬度。放鬆股關節及膝，雙腳平行。重心置於身體的正下方，筆直站立。

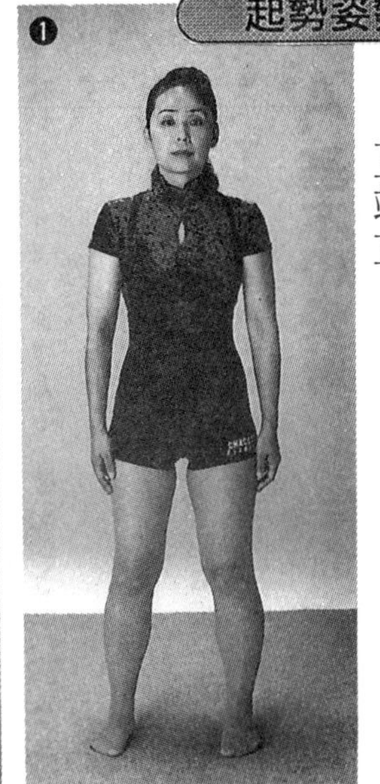

①腳張開如肩寬。

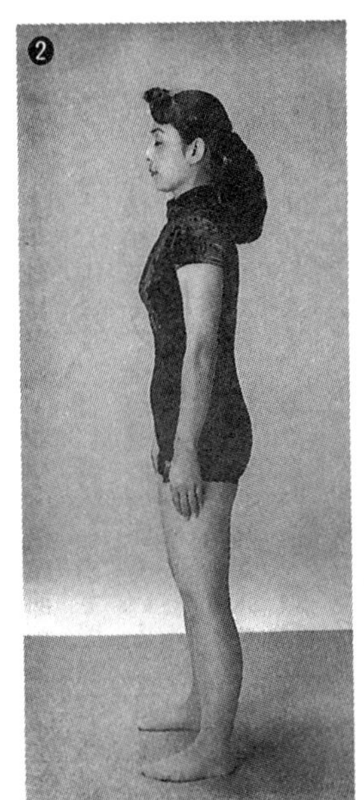

②從側面看①的狀態。

●走路時的姿勢

全部的重心置於一腳時，上半身保持挺直的姿勢。此外，重心從左（右）腳移到右（左）腳時，上半身還是要保持挺直的姿勢走路。

走路時的姿勢

②

①

如①②所示，重心置於單腳，踏出另一隻腳時，上半身保持挺直。

B、應用姿勢

●坐在椅子上時

不要深坐，好像臀部稍微碰到椅子似的坐下。整個腳底貼於地面，如照片所示，挺直腰，上半身用「命門」（腰的穴道）支撐，筆直坐著。選擇穩定的椅子。

坐在椅子上時

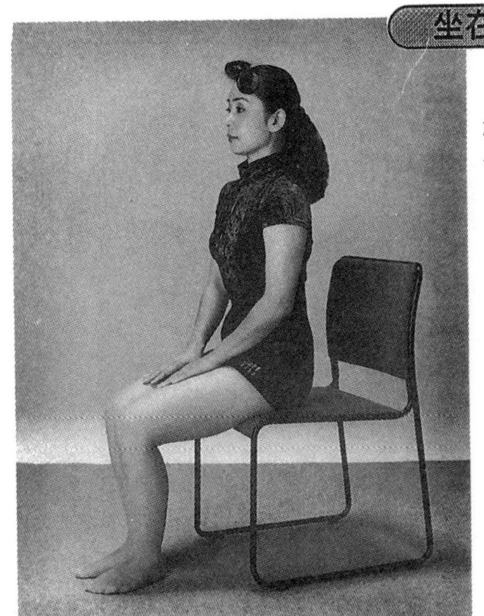

腰直立，上半身放鬆坐下，收下顎。

正坐時

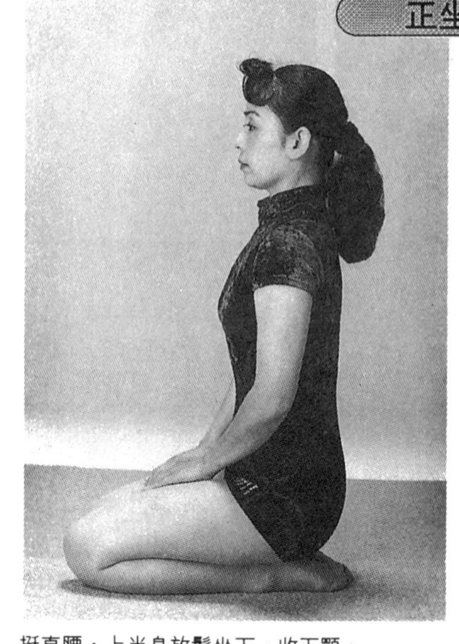
挺直腰，上半身放鬆坐下，收下顎。

●正坐時

挺直腰，用「命門」（腰的穴道）支撐上半身，收下顎。

●盤腿坐時

挺直腰，用「命門」支撐上半身，收下顎。

盤腿坐時

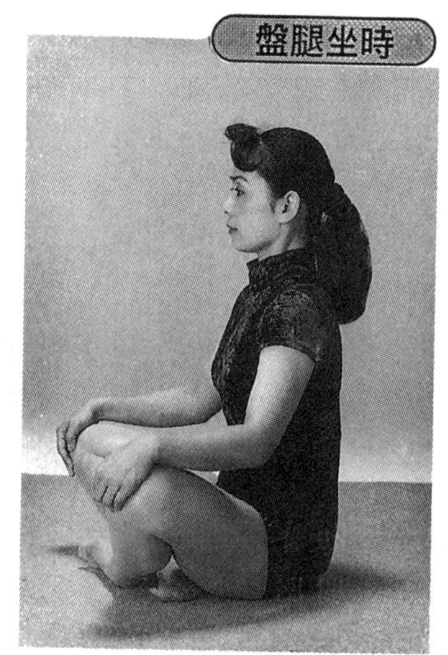
挺直腰，上半身放鬆坐下，收下顎。

二、步型與步法

人類在太古時代是四足動物。不斷進化之後變成用二腳走路，因此血液容易積存在下半身。但是，頭是需要大量氧的部分，因此，必須不斷送入大量血液。一旦腳弱時，將積存在下方的血液往上推的力量減弱，會增大心臟的負擔。鍛鍊足腰，就是要使腳的肌肉所具有的幫浦作用活性化，促進全身血液循環。

腳底有「第二心臟」之稱，有穴道集中，因此給予刺激時，就能使內臟，尤其是心臟的功能順暢，防止心臟及腦的動脈硬化，而且不容易罹患腦血管性痴呆症。

太極拳的「步法」是從腳跟（腳尖）到腳尖（腳跟），慢慢地加諸體重而進行，因此，能夠充分對腳底形成刺激。

腳底遍布如網眼般的體內穴道，重要的穴道之一就是「湧泉」穴。當失去平衡而搖晃時，只要意識集中於湧泉穴上，就能保持穩定。

練習太極拳時，全身各處的關節自然能夠放鬆。而且手腳和腰不要用力，輕鬆地站立呼吸。兩腳形成虛實（有技巧的移動重心），好像貓走路似地運行。承受體重的一側為「實」，另一側則為「虛」，如果體重置於左，則左腳為「實」的腳，而右腳為「虛」的腳。

太極拳中有很多曲膝支撐自己體重的動作。而日常生活中也是如此。必須注意的是，不要對膝造成過大的負擔，為減輕膝的負擔，就必須採用正確的膝的使用方法。

太極拳認為膝的方向應該和腳尖的方向一致。女性中有許多人都是內八字，一定要多練習，充分注意。膝朝向腳尖的方向張開股關節，較容易放鬆或下沈，使腰的動作順暢。

A、步型

●弓步

弓步

彎曲前膝（照片為右弓步），深曲膝時，到達與膝垂直處即可，不可以比腳尖更為突出。後腿自然伸直，腳尖朝外側張開三十度到四十五度。不論前腳或後腳，膝都要朝腳尖的方向。腳的寬度（腳跟與腳跟之間的橫幅）如肩寬，前腳和後腳的重心比率為七比三。

●馬步

腳的站立法自己看起來是「倒八字」。兩膝朝腳尖方向彎曲，落腰到膝的高度為止，絕對不可以勉強，左右腳重心的比率為五比五。

虛步

●虛步

重心置於後腳，前腳腳底輕輕置於地面。這時，腳跟不要抬高，足幅（腳跟的橫幅）約十公分，後腳與前腳重心的比率約九比一。

B、步法

●進步

前進時的步法。後腳往前時，腳尖好像畫弧一樣，這時膝要一直朝著正面。上身挺直放輕鬆。使重心穩定，兩腳的「虛實」要明確，順利前進。最初進行自然呼吸而練習，學會動作後，每一步要進行二次呼吸。腳向前伸出時，在後面的腳彎曲，重心置於該腳時吸氣，抬起後腳時吐氣。

進步

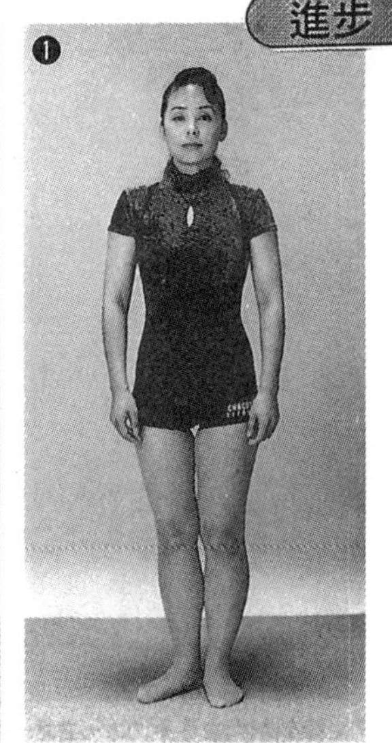

①腳跟併攏站直，右腳腳尖朝外側張開 30～45 度。

②放鬆右膝彎曲，全部重心置於其上，同時左腳腳跟上抬，這時左膝朝向正面。

步法

進步

③重心置於右腳，右膝放鬆，左腳朝左前方，腳尖朝向正面腳跟著地。

④彎曲左膝（左弓步）同時伸直右膝。

⑤重心置於右腳，左腳腳尖上抬。

⑥重心置於右腳，腰朝左轉30～45度。

⑦彎曲左膝（左弓步）同時伸直右膝。

⑧重心慢慢置於左腳，同時右腳移開，右膝朝向正面，腳尖帶到左腳腳跟處為止。

●退步

後退時的步法。前腳往後踏出時，腳尖好像畫弧一樣，但是膝朝向正面。腳尖朝地，慢慢將體重放在腳跟上，這時，後腳角度呈三十到四十五度著地。

同時前膝自然伸直，重心不要置於前腳的腳底，腳貼地，腳跟以腳尖為軸移動，腳尖朝向正面。

最初進行自然呼吸練習，動作順暢之後一步一呼吸。抬腳後退時吸氣，放低腰虛步時吐氣。

退步

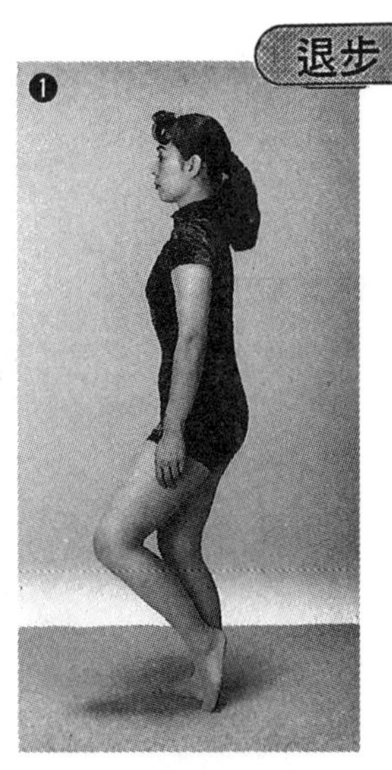

①放低右膝彎曲，重心置於其上，同時左腳腳跟上抬。這時左膝朝向正面。

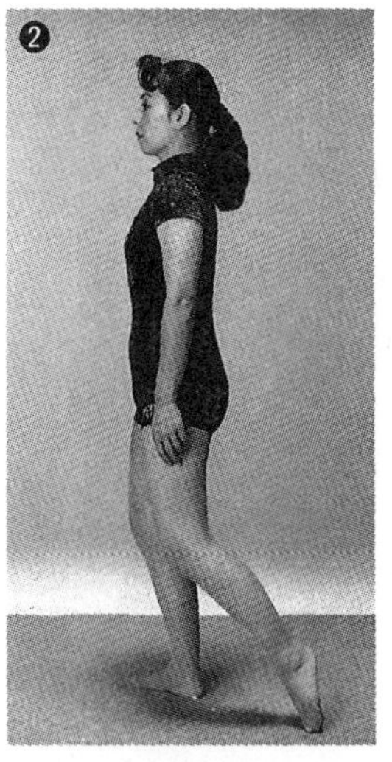

②重心仍然置於右腳，放鬆右膝，同時左腳腳尖置於左後方。

③左腳重心從腳尖慢慢置於腳跟，左腳腳尖朝向左斜方30～45度。腰自然斜向左方。

步法

退步

④重心置於左腳，腰朝向正面時，以右腳腳尖為軸調整腳跟，右腳腳尖朝向正面。

⑤右腳腳尖帶到左腳腳跟處。這時右膝朝向正面。

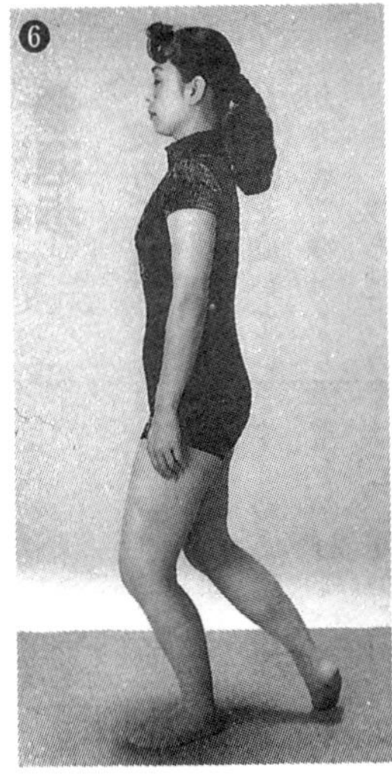

⑥左膝放鬆，右腳腳尖置於右斜後方的地上。

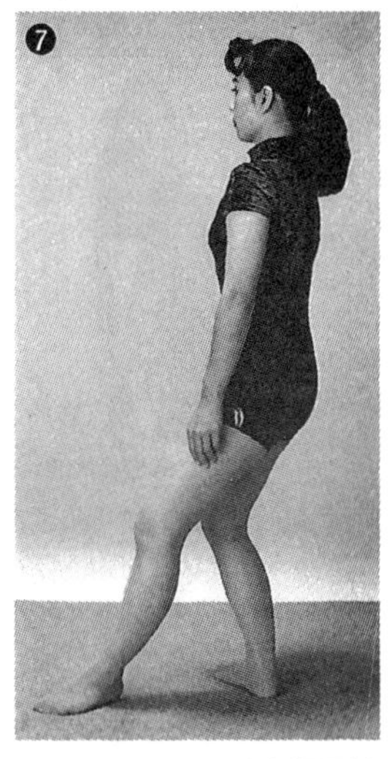

⑦右腳重心由腳尖慢慢置於腳跟，腰自然斜向右側。

⑧重心置於右腳，腰朝向正面時，以左腳腳尖為軸調整腳跟。

三、手型與手法

德國哲學家康德（一七二四～一八〇四）曾說：「手是外部的腦」。人類過了二十歲後，每天腦細胞會損壞十萬個。其中「額葉」的細胞會顯著減少。

「額葉」大半是由對於手指活動發出指令的領域所占據。因此，當這個部分老化時，對於手的活動會造成影響。也就是說，手的活動不順暢就表示額葉出現了老化現象。所以每天活動手和手指，給予額葉刺激，就能防止腦的老化及頭腦痴呆。

太極拳的「手法」不會浪費力氣，下意識地運動手臂，氣貫手及手指。不使五指緊張，盡量放鬆，拇指與食指自然形成虎口，推的時候意識置於掌根（小指側的手掌）推。這時肩放下，手肘朝下放鬆，將掌根的力（氣）從（腳跟→膝→股關節）→腰→背骨→肩→手肘→手腕→手掌進行傳達。

日常生活中「壓」的動作，也可以用太極拳的手掌進行。使用掌根意識到力量似乎從腳跟（或從腰）傳達上來，身體就不會產生勉強的感覺，能夠發揮極大的力量。此外，跌倒時如果不是指尖著地，而是從掌根先著地，就不容易骨折或受傷。

■掌

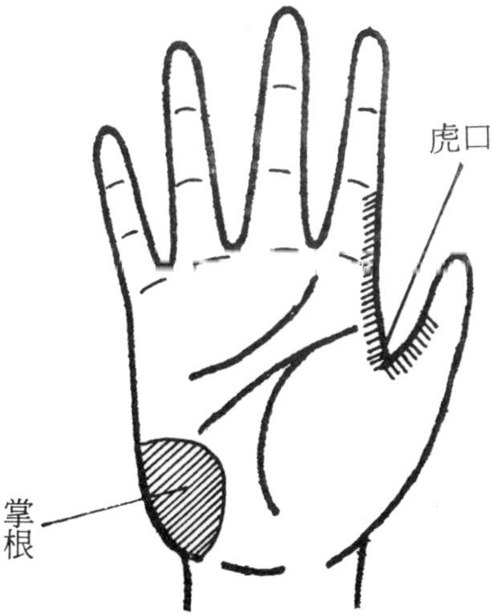

虎口

掌根

A、手型

●掌

五根手指不要緊張，呈現自然的姿態。拇指和食指自然形成虎口，手掌中央形成陷凹處，意識集中於掌根。因式的不同，指尖的方向也不同，但食指朝天時，感覺掌有元氣。

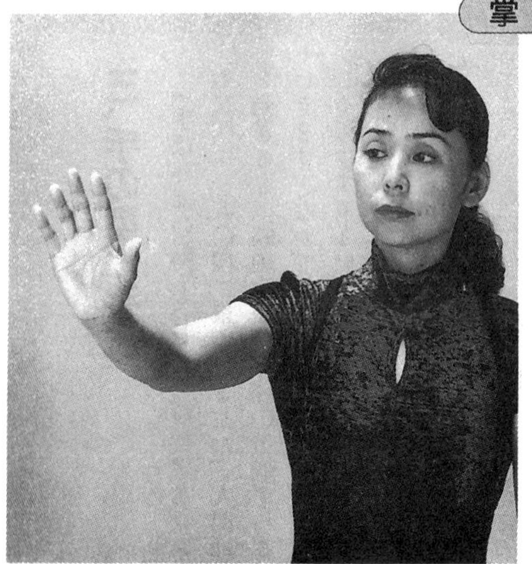

拇指和食指自然形成虎口，擺出自然的姿勢。

●鉤手

從「掌」的姿勢開始，手指從小指側開始自然朝下，拇指、食指、中指三指指尖好像抓東西似的，無名指和小指輕輕靠向內側，抬高手腕，置於肩的高度或稍上方的位置。

小指、無名指朝下輕輕靠向內側，中指、食指、拇指3指也朝下，好像抓東西似的。

●拳

拇指以外的四根手指靠在一起，第一關節、第二關節好像折疊似的關閉，拇指在中指的第一關節與第二關節之間。四根

拳

手指的第二關節與第三關節稱為拳面，四指併攏。手背和手腕、手臂自然伸直。

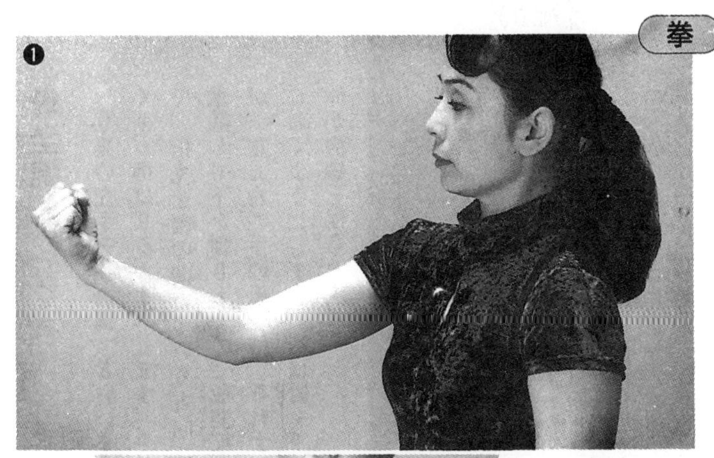

①四指握拳，拇指輕輕置於其上。手腕朝向內側的動作較容易穩定。

②四指握拳，拇指輕輕置於其上，手腕朝向內側的動作較容易穩定。

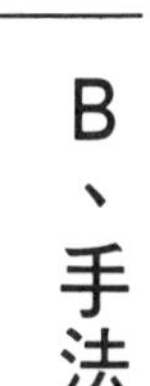

B、手法

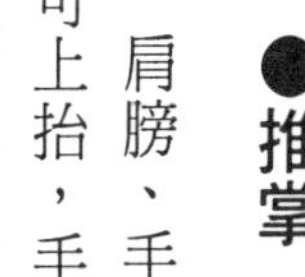

●推掌

肩膀、手肘、手腕、指尖都放鬆。肩不可上抬，手肘不可伸直，輕鬆下垂。意識置於掌根做推的動作。

推掌

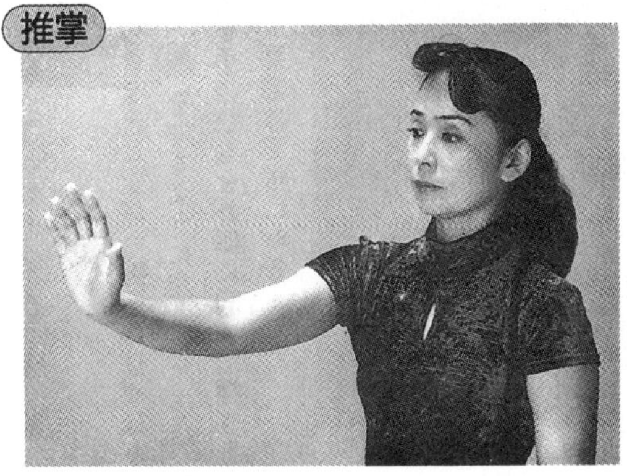

意識置於掌根做推的動作。

●坐腕

照片左手是「坐腕」的動作，形成虎口，手指放鬆。意識集中於手腕，指尖朝向腰面對的方向，意識置於掌根往下壓。置於股關節前方，如果是左（右）手時，則必須稍微置於左（右）側。手臂手肘以下放鬆，整個手臂保持自然的曲線。

坐腕

意識置於手腕，掌根往下壓。

●架掌

保持坐腕的姿勢，直接上抬，整個手臂還是形成曲線。好像保護額頭似的，左（右）手在斜左（右）上方，手掌朝向外側下壓。意識置於掌根。

架掌

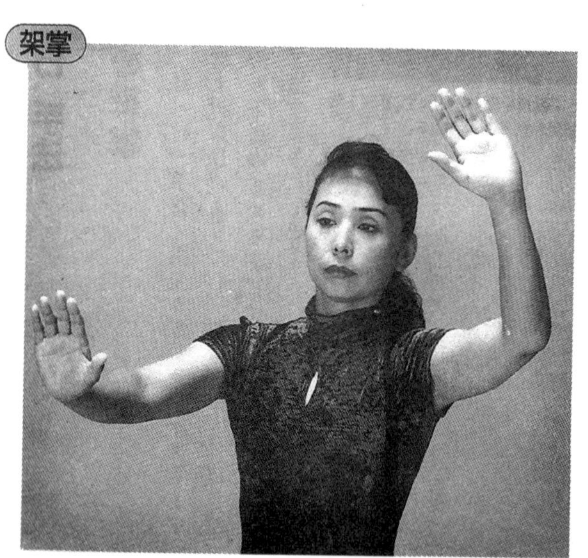

保持坐腕的姿勢往上抬，好像保護額頭似的。

四、眼法

「眼睛是心靈之窗」、「眼睛會說話」，人生有目的的人眼睛閃耀生輝。眼睛可以說是「靈魂之窗」。眼睛的功能真是不可思議。看一些優秀的演員，他們都擁有美麗的眼睛，為什麼從人類的眼神中可以看出一些心思，現代科學無法加以充分說明。但是這種「別人在看我」的意識會刺激腦，使得荷爾蒙分泌和身體細胞活性化，也許因此使得眼睛有神。

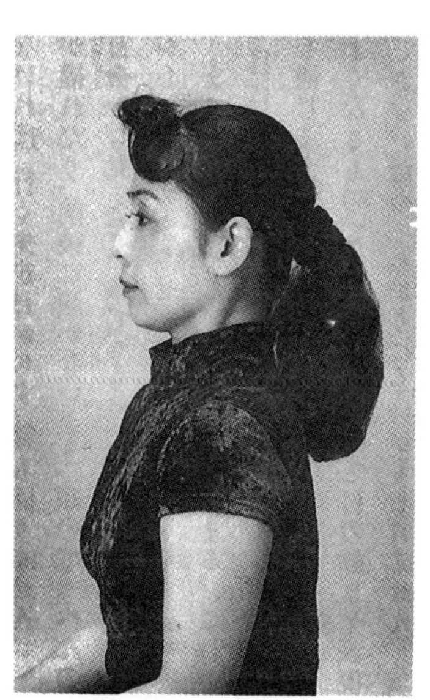

太極拳的姿勢和視線很重要。

太極拳世界非常重視「眼法」。認為如果眼神經具有意識或目的，則氣能循環全身，能對太極拳的功法產生效果。

太極拳原本是攻防格鬥的動作，因此，要假想一個對手而展現行動。可以使用意識代替力量展現行動。「目光如箭」能使對方無法動彈。這就是藉著氣壓倒對方。所謂「意達則氣達」，氣和血液能順暢流通，遍及全身。

無意識地看東西，或具有目的的意識看東西，兩者之間產生截然不同的情況。視線必須成為下一個行動的先導，就好像開車時必須迅速掌握前方的路標一樣。

太極拳的眼神經配置在左右，手移動到左邊之前，視線已經先移動到左側了。「眼睛引導手」同時「腰引導手」。極言之，就是按照眼、腰、手的順序展現動作。如果眼睛不動，則不知道目標在何處，腰也沒有辦法扭轉。不要使頭搖晃或朝前後傾，想像頭頂的百會被一條看不見的線拉著，使頸部穩定，眼睛朝著前進的方向。

先有意識，而後展現動作。這麼一來，氣能循環到眼睛。任何事情都是如此，擁有明確的目的感就能提升效率。此處無法以照片表現手和眼睛的動作，也許各位很難了解。實際的動作則是不管在什麼時候，首先眼睛一定要先行一步，這點一定要牢記在心。

●攬雀尾

攬雀尾是由掤、捋、擠、按四種手法所構成的。掤是阻擋對方的攻擊（照片①～③），捋是吸引對手，瓦解其攻勢（照片④～⑤），擠是將對方的威力推向相反側加以攻擊（照片⑥～⑦），按則是吸引對手，將其往下壓，使其力量消失後將其推出（照片⑧～⑪）。太極拳是假設對手而展現行動，所以在過程中眼睛的移動很重要。不論朝前後或側面進行時，都需要腰朝左右扭轉的動作。這時，基本上視線要朝著腰移動的方向前進。攬雀尾或上下手時，都要通過上手看著遠方。

攬雀尾

①看著右手的前方。

②腰朝左轉，但要看著右手的前方。

⑤腰朝右轉，看右手手指。

④看左手手指。

③看左手的前方。

⑧看前方。

⑦一邊看前方一邊推。

⑥腰在正面，看前方。

眼法

攬雀尾

⑨看前方。

⑩看前方。

⑪看前方。

●雲手

雲手是朝側面前進，但腰要朝右斜方、正面、左斜方轉。眼睛的視線要先一步朝向腰的方向。通過上手看著遠方。

①看右手手指。
②通過左手（上手）手指看前方。
③看左手手指。

●單鞭

照片①的動作一定要看右手，還沒有做鈎手動作之前一定看右手。照片③則是眼睛引導左手，照片④則是在決定姿勢時一定要看著前方手的方向。

①看右手。

②看右鈎手。

③看左手前方。

④看左手手指。

專欄

在清晨的公園中發現中國的能量

受男女老幼喜愛的氣功與太極拳

中國的太極拳和氣功喜愛者非常廣泛，可說深受男女老幼的喜愛。

清晨在微暗的晨光中，四面八方的人聚集在公園中，各自形成團體。有的團體用錄音機播放音樂，有的團體則在無聲中開始他們的動作。有的人則不屬於任何團體，在適合的樹下獨自打太極拳。這是在中國各地都可看到的清晨公園的光景。

此外，夕陽西下時公園燈亮起處，孩童們聚集在一起練習武術。我看到某家武術館的孩子們在練習。不過這些武術看起來好像在耍特技一樣，一邊跑一邊高高地跳躍，決定好開腳著地的姿勢，做揮劍練習，聽說每天晚上都會練習二小時。

中國能量的根源在太極拳

中國人對於健康非常關心，令我感到很驚訝，太極拳能廣泛深植於國民心中，恐怕只有在中國才有這種現象。其關鍵在於國家推廣太極拳。

看清晨公園的景象，讓人感受到中國所具有的偉大力量。事實上，這個能量根源就在於太極拳和氣功。

打太極拳是中國公園的光景

第7章

症狀別・我利用太極拳得到健康②

利用太極拳克服了必須要進行手術的股關節脫臼症狀

宮下洋子（三十八歲・公司職員）

厄年時感覺股關節疼痛

我在孩提時代就有股關節脫臼的現象，父母對我的將來感到不安。後來平安地長大，很喜歡活動身體，年輕時跳爵士舞。

在女人的厄年三十三歲時，感覺股關節疼痛。疼痛越來越劇烈，不能拿重物。服裝也只能選擇用較輕的素材做成的服裝。

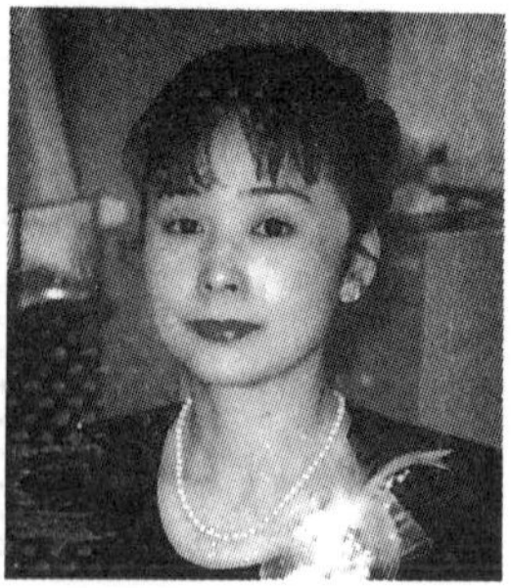

宮下洋子女士

以往非常活潑好動，現在卻變成這種情形，自己感到非常懊惱，經常哭泣。持續數月每天都注射止痛針。

到過幾家醫院，每家醫院都說必須動手術。

有人建議我鍛鍊腳的肌肉必須要游泳，但是連走路都已經很勉強了，如果在水中活動腳，恐怕無法走回家了。所幸我考取了汽車駕照，可以以車代步。

另一方面，我想如果不動手術，可能無法處理我的腳的問題。這個想法一直在我的腦中，揮之不去。

後來，我知道了麻生老師的太極拳教

室，於是立刻去參加。

■開始練太極拳第6年了。原本將其當成復健運動，但是現在能夠做出太極拳的美妙動作。照片右為馬步，左為雲手。

不需要動手術，太極拳成爲我生命的意義

這是我首次接觸太極拳，令我非常感動，聽說老師是四十八式國際冠軍，能夠由這麼優秀的人教導，我感到非常喜悅，使我更喜歡太極拳了。

今年練太極拳已第六年了，最初不能太勉強，只能反覆將重心由右移到左，由左移到右。就當是復健運動。我對自己說，這麼一來體調一定會變得很好。我想自己一定沒有辦法做出令人感動的美麗動作。

但是，持續練太極拳一、二年後，悲傷的日子完全煙消雲散，體調非常好，而且能夠打出太極拳美妙的動作了。同時股關節也不必動手術，可以和別人一樣正常地工作了。現在太極拳已經不再是復健運動，而是我的生命意義了。

腰痛、花粉症都治好了，退休後的活躍人生從太極拳開始

篠崎　甲（六十歲・宮代町清晨太極拳愛好會會長）

參加太極拳講座

我在妻子的建議之下，參加由城鎮所主辦的太極拳講座，因而開始練太極拳。

我對於太極拳沒有任何預備知識就參加了太極拳講座，第一天我就覺得這是好東西，應該很適合我。

於是在講座開講日，組織宮代町清晨太極拳愛好會，總共有二十位愛好人士參加。雖然到今年為止為第二年，但是已經學會了簡化二十四式太極拳了。

現在仍然在老師的指導下學習，原以為自己已經記住了，可是經常會忘記，令我覺得太極拳非常深奧、困難。想想以往的自己，真是非常羞愧。

煩惱的腰痛和花粉症治好了

還在上班時，每天早上搭乘擁擠的車子上班，關在換氣不良的辦公室裡工作，對身體而言都不是好事。健康狀態方面經常有腰痛的煩惱，做身體檢查時，醫師說中性脂肪較多，春天時有花粉症的苦惱。

結果，在清晰的戶外練太極拳後，腰痛現象消失，花粉症減輕，也能喝酒了。

篠崎　甲先生

往年我的花粉症在梅花盛開時，一直持續到青綠嫩葉成長茂密時為止，在這段期間內一直要戴著口罩。但開始打太極拳後過了幾天就不需要戴口罩了。

「腰痛、花粉症冉見了！」

我退休之後首先想到的就是健康。不受傷、不生病，很有元氣地過日子，這是最幸福的事了。

現在能夠實現我的理想，真是非常感謝，來年春天會員們決定一定要在櫻花樹下一起喝酒。

一定要每天練習太極拳，才能享受這種快樂。

每週的星期一上午七點不遲到、不缺席。不焦躁、不休息，繼續努力。

每年令我煩惱的花粉症利用太極拳治好了！

藉由太極拳之賜阻止風濕惡化

飯島房子（六十歲・營養師）

癌和風濕是我家的遺傳

我的母親家族具有「家族性」（遺傳性）癌和風濕的毛病，我過了五十歲之後，定期做癌和風濕的檢查。

我的職業為營養師，需要醫學知識，每天不斷地努力學習，而我最關心的主題，就是「疾病與家族性」的關係。

飯島房子女士

隨著年紀增長，我的外觀看起來和父母越來越像了，就性質而言，連五臟六腑都非常類似，因此，我相信疾病的確具有家族性因素。

目前不用擔心癌的問題，但是出現了風濕反應。而風濕發炎症反應每次的檢查數字卻都是零。

一旦出現風濕的發炎症狀反應時，首先手指的關節到手腕、膝都會出現毛病，有時無法步行。

通常如果風濕反應呈現在數值上時，就必須服用藥物，但是我並沒有出現發炎反應，所以醫師每次看檢查結果，都會覺得很不可思議。

當我詢問「要不要服用藥物」時，醫師都說不用。

成爲我的生活之一部分的太極拳，阻止風濕惡化

雖然這個事實並沒有醫學根據，但是持續四年來，每週一次，每次練習二小時的太極拳和氣功，我想這可能與我身上的奇跡有關吧！

太極拳防止風濕惡化。

太極拳能夠強化足腰，而且我想準備體操也有效。打完太極拳後臉紅、流汗，實際感覺到血液循環全身。親自感受這種滋味時，讓我感到更舒服。

開始練太極拳的關鍵，是在五、六年前參加了一次旅行。

我在小學四年級之前生活於中國的上海。在上海有很多當時和我一樣讀書的同學，他們帶我一起遊上海，我看到許多人在公園裡打太極拳。我在眾人的鼓勵下也開始練習。

日本人大都很好奇而在一旁觀賞，而中國人都心無雜念地練習。

我經常覺得運動非常重要，被中國人的姿態感動後，我下定「努力練太極拳」的決心。

現在，太極拳已經成為我的生活的一部分，成為支持我的健康之泉源。

打太極拳後不需要醫師，癌檢診的結果為雙重喜悅

栗原敬子（五十八歲・主婦）

因爲流行性感冒而衰弱的身體，藉由練太極拳而恢復

一九九一年二月與三月時，對我而言是很糟的季節。因為當時我罹患流行性感冒而住院了。

在醫院接受各種治療，但高燒不退，持續三週三十九度的高燒。早上服用解熱劑，燒暫時退去，但下午又再度發燒，又要使用解熱劑，在這期間不斷打點滴。

栗原敬子女士

出院後，我和道如果再感冒就糟糕了，因此盡量多注意，持續注意健康。

某日前往外地，遇到了一群正在打太極拳的人，我覺得這種運動對身體很好。

由於自己有心求教，於是在一九九二年三月，參考麻生老師的太極拳教室。

平常很少使用的腳、手都可以多使用，而且放鬆整個身體的力量，慢慢做動作，讓我覺得很舒服，每次都能流汗，覺得很爽快。

癌檢診出現意想不到的好結果

後來我就過著與感冒無緣，不需醫生的生活，而每年一次的癌檢診，今年春天也發生一件令我高興的事情。

以往的報告結果是沒有發現癌細胞，但是今年醫師卻告訴我「細胞中看到了年輕細胞哦」。

「已經六十歲了，還有年輕細胞誕生，這是怎麼一回事呀」，和我一起接受檢查的年輕人一邊笑一邊對我這麼說，而我的內心則非常高興。

我知道這一定是太極拳之賜，此外還產生了很多效果。後來我又參加土風舞社，能夠迅速融入舞蹈中，使我非常感動。

此外，參加健行時，即使到遠處健行，也不會感覺疲勞。

這都是因為太極拳鍛鍊了足腰之賜。我認為「持續就是力量」，只要持續打太極拳，就能形成力量。

練太極拳後不知疾病為何物。

二十年來的腰痛、頭痛完全治好，太極拳帶我走向健康之路

石川和子（四十九歲・主婦）

看醫生、泡溫泉都無法治好的腰痛治好了

石川和子女士

幾年前有腰痛的煩惱，到過幾家醫院，而且也泡溫泉，但是症狀無法改善。

到醫院拿了很多藥回來服用，但症狀都未改善。偶爾對朋友談起，他們介紹我打太極拳。

但是，因為以往曾嘗試了許多方法，都沒有產生期待的效果，所以，我對太極拳也不抱太大的希望。

但是，開始打太極拳過了半年，腰痛的現象緩和了。

以往只要聽說哪家醫院很好、哪個溫泉有效，我就會立刻前去，可是卻無法治好我的疾病，症狀一直無法改善的腰痛，現在已幾乎忘了它的存在，真是令我感到驚訝。

十幾歲時持續出現的頭痛也一併消失了

後來持續打太極拳四年，腰痛完全好了。不只如此，從十幾歲開始一直持續出現的頭痛也一併消失了。

20 年來的腰痛和頭痛利用太極拳治好了。

每年會有一次側頭部如遭電擊般的疼痛。看過很多醫師，但是原因不明，醫師也束手無策，因此只好忍耐這種頭痛。嚴重時可能會持續一週，夜晚無法成眠。

雖然症狀如此嚴重，但是現在已經消失了，我根本想不起來最後一次是出現在什麼時候了。只知道「最近頭好像不痛了」。

我想大部分的人都和我一樣，只有在疾病和疼痛纏身時，才知道健康的可貴。

不要等到罹患疾病時才去找醫師而服用藥物，一定要防範疾病於未然，預防勝於治療。

對我而言，太極拳是今後創造健康不可或缺的方法。

專欄

一流的時裝模特兒實際證明太極拳步法的效果

太極拳步法與服裝秀的關係

「山口小夜子」是活躍於世界舞台的一流服裝模特兒。據說她美麗的泉源是來自「太極拳」。擁有東方的面孔、纖細的身段，這就是她的魅力，「舞台前後的放鬆及每天持續進行太極拳，是美麗的秘訣」，她在接受某雜誌的訪問時曾這麼說。

的確，山口小姐優雅的步法，讓人感覺不出他的年齡，真的非常美麗。太極拳步法的特徵，就是從腳跟朝腳尖移動重心，下意識地用力或放鬆的動作，以及使用股關節扭轉腰等動作。但是，最大的特徵就是穩定的動作絕對不會形成任何浪費。太極拳步法配合服裝秀音樂的節拍，形成名服裝模特兒的獨特走路方式。

利用腳底按摩防止浮腫

此外，據說某位服裝模特兒每天一定要進行三次太極拳式的腳底按摩。從事模特兒這份職業，一整天站立，當然有腳浮腫的煩惱，對模特兒而言這是致命傷。從太極拳中得到啟示而進行腳底按摩，產生了效果。展現美麗與夢想的人，在水面下的辛苦的確是難以言喻的。但是，想要追求美和健康的女性，卻可採用「太極拳步法」。

第 8 章

使太極拳
產生更大效果的秘訣

提高太極拳效果的方法

Q **聽說太極拳的動作重視陰陽的平衡，何謂陰陽，請簡單告知。**

相信很多人都看過陰陽標誌。

A 一般人會認為陰陽好像很困難，但是世間的一切全都是由陰與陽兩極調和而形成的，這種想法就是陰陽論。

例如，將一天的晝夜以陰陽來探討，夜為陰，晝為陽，黑夜（陰）不會突然變白晝（陽），必須經過黎明、清晨，太陽逐漸升高，到了正午時陽光最強烈。也不會從正午突然變成黑暗的深夜，隨著太陽慢慢西沈、天色微暗，接下來是日暮時分、日落、天色漸暗，到了深夜結束一天。這種自然界的規律就是陰陽的平衡。

太極拳在人類的身心與呼吸中尋求這種自然界的規律。自己的身體形成自然界的規律時，才能恢復真正的自我，產生氣力，身心都得到健康。

陰陽標誌

Q **聽說慢慢呼吸對健康很好，為什麼？**

A　生命始於最初的呼吸，結束於最後的呼吸。很多人相信神賦予人一定的呼吸數，當這個數目結束時，人的一生也結束了。因此，慢慢呼吸就能長壽。

中國氣功的根源，是說古代某個中國人發現生活在自然中的動物不會生病而死，因此，開始模倣自然界動物的動作，而形成氣功。像鶴或龜等長壽動物都會深呼吸，人類發現這個事實後，也開始進行這種深呼吸。所以據說氣息較長的人能夠長生。

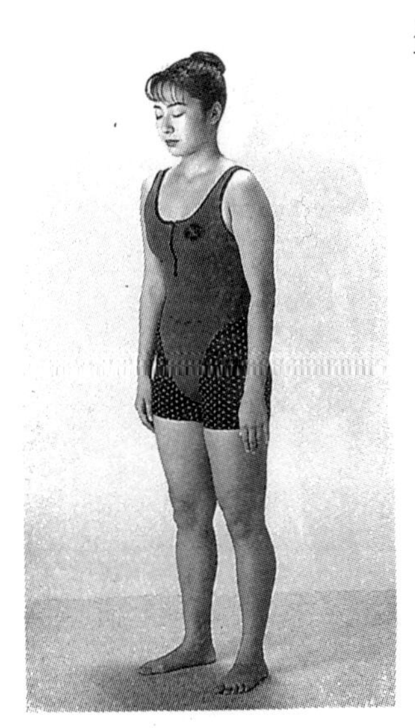

致虛守精

第一章的「致虛守精」為了引導出放鬆細長緩和的呼吸，而配合呼吸的節奏而使用「鬆靜」這二個字，集中精神於呼吸上，去除雜念，是統一精神的方法。在「致虛守精」之後，去除體內無用的力量，氣沈「丹田」，就能產生一種神清氣爽的放鬆感。

此外，第一章的「站樁功」是「太極拳之根」為基本項目，呼吸配合身體的動作，能消除雜念，使身心調和，為創造體力的好功法。「站樁功」之後體內有氣循環，覺得溫暖，能感受到一種祥和的情緒。

Q　**呼吸法是吸氣後吐氣，還是吐氣後吸氣？何者較為正確呢？**

A　呼吸是無始無終的連續運功。所以一般人認為是始於吸氣終於呼氣。但是，正如「呼吸」這二個字所代表的，先呼（吐）氣再吸氣才是合理的做法。

太極拳重視呼吸與姿勢

放掉空塑膠管內的空氣，然後再讓塑膠管吸水，就能吸到與放掉的空氣量等量的水。因此同樣的道理，先吐出二氧化碳，就能吸入等量的氧。

但是，光是要吸入吐出的量是很簡單的，要將吸入的量吐出來卻很困難。這是因為呼氣原本就是容易控制的方法。平常的呼吸一定要從呼氣開始。

吐出肺中的空氣，要使用肋骨間的隨意肌（肋間肌），比起吸入空氣時而言，吐出時較能產生強大力量的肌肉，一定要先吐出較多的空氣，才能吸入較多的空氣。

因此，進行深呼吸時，要將呼氣當成一呼吸的開始，吸氣則是什麼也不要想自然進行的方法，只要將這個方法納入日常生活中，就能使呼吸順暢，更為深沈。

Q **聽說太極拳也需要想像訓練，具有何種效果？**

A 運動或心理療法有所謂的「想像訓練」，就是反覆將「希望變成這種人」、「希望變成這個樣子」的意識植入想像中，事實上，實際達成理想的例子很多。

第一章的「意念青春」就是其代表性的功法。回到心中沒有任何雜念，單純的孩提時代，選擇一個快樂的場面，在心中描繪出這種快樂的感覺。如果孩提時代沒有什麼快樂的事情，則想想現在的自己也不錯。想像自己放輕鬆的樣子。在春日的陽光中躺著曬太陽的自己，或是在海洋上舒適漂浮的自己。逐漸地，臉上的表情變為緩和，眉間的皺紋去除，形成美麗的笑容。

但是，想像時如果緊張，就無法得到效果。一定要先放鬆身體的緊張再想像。

尤其是身體有毛病的人，指導他們練太極拳時，覺得這個想像效果非常大。原本沒有辦法動彈的手卻能自然活動。這個「意念青春」別名「青春功」，甚至有的人練功後看起來年輕了十歲。想像力對於身體造成的影響真是深不可測。

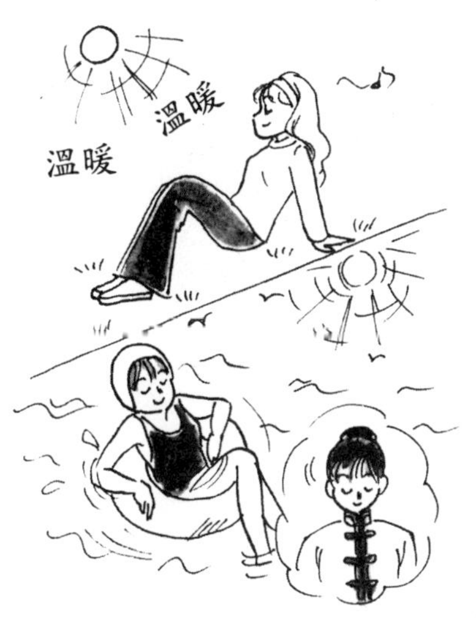

想像力對身體造成的影響深不可測。

Q　別人說我練習太極拳時姿勢不良。哪個部分該怎麼做才能擁有美麗的姿勢呢？

A　不良的姿勢是身體前傾或向後仰，移動重心時傾向側面。前傾是因為股關節朝前彎曲，而後仰則大多是因為股關節向後彎曲。正確的姿勢是股關節朝向正下方。這麼一來，臀部、背部、後頭部會成一直線。而視線不要朝上或朝下，收下顎，看著正前方。

移動重心時身體會傾向側面，就表示不穩定。左右腳交互承受整個身體的重量，掌握穩定的身體訊息，單腳慢慢由腳跟

姿勢不良時重心無法順利移動。

開始離地，這時想像頭頂好像被一條繩子拉起來似的，姿勢就更漂亮了。

除此之外，姿勢不良時大都是兩腳重心的分配不均勻所造成的，決定姿勢時，也許重心過度放在腳尖或腳跟，也會造成這種現象。雖然具有個人差異，但是有的人重心置於腳尖或腳跟，反而使姿勢美麗。

面對鏡子，自己擺出正確的姿勢，了解這時身體的感覺最重要。擺姿勢絕對不可以焦躁，一定要不斷地調整成正確的姿勢才行。可以參考第六章的「姿勢」改善本身的姿勢。

Q　聽說太極拳有二十四式或四十八式等，熟悉較多的式比較好嗎？

A　因個人的目的不同而異。如果想參賽或教導他人，可以配合自己的目的選擇。如果是初學者或以健康為目的而學習太極拳者，不需要學會很多式。即使記住很多式，如果內容不充實，也脫離原本的太極拳精神。

有些人學會了很多套路（進行式的順序）就感到滿意了，但是這沒有任何意義。不要記住很多「套路」，而必須知道太極拳的深義，了解太極拳的心，才有助於身心的健康。最初的慾望不要太高，以優閒的心反覆練習一種「套路」。與年紀、體質無關，能察覺心靈而教導自己的身體很多事物，才能了解太極拳的深義，進而使技巧更為純熟。

第一章的「健康太極拳」中介紹了「攬雀尾」。雖然反覆練習一種「套路」會令人厭倦，但是只要一直進行「攬雀尾」，就更能接近太極拳的真髓，自己也能實際感受到這一點。

太極拳必須配合自己的步調慢慢地進行。

Q 早起時覺得腳脖子和腰疼痛。有低血壓和手腳冰冷症的煩惱。請告知效果較高，每天能夠持續進行的簡單運動。

A 身體最僵硬的時候，是整個身體還沒有清醒的早起那一段時間。腳脖子和腰疼痛的原因，可能是血液循環不良。冬季寒冷早上不要一醒來就從暖被窩中爬起來，這樣對身體不好。清醒之後可在被子裡做一些簡單的運動。

進行第三章的「繞腳脖子」與「鱷魚姿勢」。進行這二種動作能使腳脖子及腰的血液循環順暢，再離開被子。建議低血壓、手腳冰冷症的人實行這個運動。

此外，夜晚睡覺前躺在床上進行時，能去除一天足腰的疲累，獲得快眠。每天持續，任何人都能進行，因此一定要趕緊實行。最重要的是不要用力，遵守自己的步調慢慢進行非常重要。

Q 重心置於腳時膝會痛。醫師說為了復健最好多活動，太極拳有效嗎？

A 太極拳是對於復健非常有效的運動，膝痛時不要深曲膝，只要感覺舒適地放鬆即可。重心不要置於單腳，學習用雙腳站立的第一章的「站樁功」較好。將重心均勻置於雙腳，意識不要放在重心上，下意識地放鬆股關節和膝，即使別人看起來膝是直立的也無妨。配合自己的體調放鬆，毫不勉強地進行，才是利用太極拳得到健康的方法。

關於準備體操和整理體操，可以納入第三章的「膝的按摩」。症狀減輕後再進行第六章「步法」的「進步」，不要勉強，衡量情況慢慢進行最重要。

太極拳是對於復健非常有效的運動。

Q 練太極拳有最有效的時間和場所嗎？此外，穿何種服裝較好？

A 練習時間以清晨或傍晚最好。清晨的練習能夠幫助一天的清醒，使頭腦清晰，也可以當成工作或學習的準備。傍晚的練習能消除疲勞，消除一天的壓力，使睡眠深沈。此外，練習後不可以立刻吃東西或睡眠，因為運動時的興奮狀態還沒有停止。但是，不要拘泥於任何時間，即使在工作或學習的休息時間練太極拳，效果也一樣。

練習時要找一個空氣較佳的環境，風太強或煙霧彌漫的場所都不好。公園或樹林、庭園等綠意較多的地方最佳。在室內進行時，盡可能選擇通風、日照良好的場所。避免穿太緊的衣服，必須穿寬鬆的衣服，鞋子選擇平底鞋。天氣寒冷時要加件上衣、戴上帽子，避免身體著涼，太熱時可脫下。

練習太極拳以清晨或傍晚在綠意較多的場所練習最好。

Q 想向第一章的健康太極拳「攬雀尾」挑戰，有沒有能盡早學會的秘訣？

A 首先要依照順序模仿照片的姿勢。自己的身體要做出與照片同樣的動作。站在鏡子前看自己的姿態進行練習，較容易學會正確的動作。

學會一個姿勢後，保持這個姿勢五秒鐘，確認手的位置和腳的重心的間隔。絕對不要用力，要以輕鬆的心情進行。

其次，看鏡中自己的姿勢和照片，慢慢地移動手腳。進行與照片相同的動作，但是如果有真的很不了解的部分，可以暫時跳過，一直反覆練習。光看照片無法了解時，必須仔細閱讀正文以求了解。也可以看市售的錄影帶或參加太極拳教室。

專欄

與「太極拳老師」的相遇

楊式太極拳的傅鐘文老師

六年前我參加北京的國際大賽。比賽後有很多招待會。尤其在上海的會場遇到了楊式太極拳的大家長——傅老師令我十分高興。

楊式太極拳是由楊露禪所推出的「任何人都能進行的健康法」中，最普遍的太極拳。從少年時代就開始拜始祖楊露禪的孫子楊澄甫為師，後來成為太極拳總師的人物就是傅鐘文老師。

雖然已經八十五歲了，但是一點都看不出來，肌膚具有光澤，安詳的風貌產生一種神奇的威嚴。

左右站著的是五十～六十歲的弟子，而他們也是擁有許多弟子的優秀指導者。他們了解老師的動作和表情，知道老師想要些什麼。對於老師的尊敬之心，令我非常感動。

更令我感到驚訝的是，老師本身充滿慈祥、溫和的感覺，偉大的人只是默默地在那兒，卻令人覺得心中溫暖。

遇到老師是人生之寶

招待會之後，我有機會直接讓老師看我的太極拳。而鐘文老師對我的建議是「太極拳的每個動作都有其意義，一定要意識這個意義而進行太極拳」。

遺憾的是老師在兩年前過世了。但是，遇到真正的太極拳、遇到偉大的老師，對我而言是人生至寶。

後　記

自然體是指身心都放鬆的狀態，毫不勉強地擁有緩和表情，好像嬰兒般天真無邪的狀態。在一些悲慘的意外事故報導中，有時會聽到大人全部死亡，但是嬰兒卻奇跡似地毫髮無傷獲救的例子，這是因為嬰兒是比任何人都柔軟的自然體，這也可以證明太極拳「以柔克剛」的理論，的確耐人尋味。

太極拳是來自中國的武術，其理論與深刻的人生哲學互通。例如「對方全力攻過來時，要放鬆全身的力量，將對方的力量帶向左右，或反而利用對方的力量打倒對方」。這種理論在遭遇難關時也可以運用。

太極拳的動作經常以螺旋的曲線緩慢移動，但是這個力量具有穿透一切的強大力量。力量並不是由「剛」而是由「柔」的部分發出來，這才是太極拳的秘訣。

我的老師周佩芳引述『太極拳論』的話說「上升時為一度，下意識地身體朝下放鬆之後再朝上，朝向左時先往右，朝向右時先往左，以相反的動作、意識先放鬆心情再開始，能使效果倍增」。

進行實際的動作就能瞭解了。不只是藏有力量，連動作的流暢之美、優雅度都令我感到很驚訝，也可以納入日常生活的動作中。

我現在擁有幾家「太極拳教室」，每天開始上課之前都會先進行想像訓練。我呼籲大家「先閉上眼睛，想想自己青春時代快樂的時光，即使不是青春時代，總之，想像一個能夠放鬆的自己就可以了」。

使身體放鬆具有非常好的效果，能夠去除來自五體的勉強緊張，就好像從無移動到有的動作之準備體操一樣，與先前周先生的「逆作動」互通。

以輕鬆的姿勢坐著，輕輕閉上眼睛，進入想像世界，優游在其他次元中。成為你想成為的人物，去你想去的地方，將自己置於自由的世界。想像效果確實出現在自己的身體上。能調整呼吸，漸漸地身體輕鬆，血液循環順暢，這並不是什麼神奇的事情，屬於理所當然的科學現象。

此外，我為殘障者舉辦「太極拳教室」的講座。在此我主要是進行這種「想像訓練」。身心放鬆之後，使用身體可以活動的部分練習太極拳的健康法，開辦這個教室後令我感到驚訝的是，我發現身體無法自由活動的人集中力更強。想像訓練的效果立刻出現。當天講座結束後，有很多人身心放鬆，快樂地離開教室。對我而言，這個教室可說是知道太極拳效果的一大啟示，也是非常快樂的一段時光。

在某個太極拳教室中，一些年輕的學生說「和一些老年人在一起，感覺『氣』被吸走似的」，當然這只是玩笑話，但是在旁聽到這句話的我卻不經意地說「沒這回事」。因為我想起參加國際大賽時，在中國各地看到很多老年人。一些八十、九十歲，被稱為老師的人，以安詳的風貌坐在那兒，雖不多話，但是卻產生一種神奇的威嚴。

臉頰紅潤具有光澤，眼睛閃耀生輝。當然這些人都是堪稱大人物太極拳的「達人」，不是一般的老人。但是，對於透過太極拳每天鍛鍊的人擁有這種美麗和氣魄，使我產生一種感動。

王宗岳的名著『太極拳論』中說「太極生於無極，為陰陽之母」，初學者可能很難了解，有機會我建議各位閱讀這本書。在『太極拳的真髓』（李天驥著）中，則說「好的老師是領悟陰陽的變化，避實打虛、優於柔、優於剛，能以四兩之力撥千斤，老年勝壯年，小力勝大力」，對於我們這些學習太極拳的人而言，這可以說是重要的原點。

我在獨協大學的太極拳愛好會開始練太極拳之後，已經二十多年了。其間經歷了結婚、生產、育兒等過程，我覺得自己好像和自己最喜歡的太極拳一起走過這條人生之路似的。

六年前所幸參加國際大賽，獲得四十八式冠軍，藉此在太極拳本場中國與此道大家見面，得以直接接受他們的指導。

其中對我而言最好的事情，就是我遇到了太極拳界的重鎮，周元龍老師的愛徒周佩芳老師。她擁有不為所動、穩如泰山的性格，隱藏無比的力量，擁有慈祥溫厚之心，堪稱為太極拳大家，令人想起中國俗諺「慈悲的人才是賢者」。這次當我告訴大家我想出一本大家都能學習的簡單太極拳書時，她非常贊成而且支持我。

這本小著是從我二十年來學習的太極拳中，挑出對健康有益，對任何人而言都簡單易懂，而且頗具深義的太極拳。每天只要花很少的時間，就能學習太極拳，相信本書對大家都有幫助。

編輯本書時，幸賴周佩芳老師及平秀子女士的親切指導，在此深致謝意。

健康道場主持人　麻生秋子

太極拳教室詢問方法：

●あそう健康道場
〒366　日本國埼玉縣鴻巢市東一—五—四
電話：〇四八五—四一—三九一四

大展出版社有限公司
品冠文化出版社

圖書目錄

地址：台北市北投區(石牌)
致遠一路二段12巷1號
郵撥：0166955～1
電話：(02)28236031
28236033
傳真：(02)28272069

・法律專欄連載・電腦編號58

台大法學院　法律學系／策劃
法律服務社／編著

1. 別讓您的權利睡著了 1　200元
2. 別讓您的權利睡著了 2　200元

・秘傳占卜系列・電腦編號14

1. 手相術　淺野八郎著　180元
2. 人相術　淺野八郎著　180元
3. 西洋占星術　淺野八郎著　180元
4. 中國神奇占卜　淺野八郎著　150元
5. 夢判斷　淺野八郎著　150元
6. 前世、來世占卜　淺野八郎著　150元
7. 法國式血型學　淺野八郎著　150元
8. 靈感、符咒學　淺野八郎著　150元
9. 紙牌占卜學　淺野八郎著　150元
10. ESP超能力占卜　淺野八郎著　150元
11. 猶太數的秘術　淺野八郎著　150元
12. 新心理測驗　淺野八郎著　160元
13. 塔羅牌預言秘法　淺野八郎著　200元

・趣味心理講座・電腦編號15

1. 性格測驗① 探索男與女　淺野八郎著　140元
2. 性格測驗② 透視人心奧秘　淺野八郎著　140元
3. 性格測驗③ 發現陌生的自己　淺野八郎著　140元
4. 性格測驗④ 發現你的真面目　淺野八郎著　140元
5. 性格測驗⑤ 讓你們吃驚　淺野八郎著　140元
6. 性格測驗⑥ 洞穿心理盲點　淺野八郎著　140元
7. 性格測驗⑦ 探索對方心理　淺野八郎著　140元
8. 性格測驗⑧ 由吃認識自己　淺野八郎著　160元
9. 性格測驗⑨ 戀愛知多少　淺野八郎著　160元

10. 性格測驗⑩ 由裝扮瞭解人心 淺野八郎著 160元
11. 性格測驗⑪ 敲開內心玄機 淺野八郎著 140元
12. 性格測驗⑫ 透視你的未來 淺野八郎著 160元
13. 血型與你的一生 淺野八郎著 160元
14. 趣味推理遊戲 淺野八郎著 160元
15. 行為語言解析 淺野八郎著 160元

・婦 幼 天 地・電腦編號 16

1. 八萬人減肥成果 黃靜香譯 180元
2. 三分鐘減肥體操 楊鴻儒譯 150元
3. 窈窕淑女美髮秘訣 柯素娥譯 130元
4. 使妳更迷人 成 玉譯 130元
5. 女性的更年期 官舒妍編譯 160元
6. 胎內育兒法 李玉瓊編譯 150元
7. 早產兒袋鼠式護理 唐岱蘭譯 200元
8. 初次懷孕與生產 婦幼天地編譯組 180元
9. 初次育兒 12 個月 婦幼天地編譯組 180元
10. 斷乳食與幼兒食 婦幼天地編譯組 180元
11. 培養幼兒能力與性向 婦幼天地編譯組 180元
12. 培養幼兒創造力的玩具與遊戲 婦幼天地編譯組 180元
13. 幼兒的症狀與疾病 婦幼天地編譯組 180元
14. 腿部苗條健美法 婦幼天地編譯組 180元
15. 女性腰痛別忽視 婦幼天地編譯組 150元
16. 舒展身心體操術 李玉瓊編譯 130元
17. 三分鐘臉部體操 趙薇妮著 160元
18. 生動的笑容表情術 趙薇妮著 160元
19. 心曠神怡減肥法 川津祐介著 130元
20. 內衣使妳更美麗 陳玄茹譯 130元
21. 瑜伽美姿美容 黃靜香編著 180元
22. 高雅女性裝扮學 陳珮玲譯 180元
23. 蠶糞肌膚美顏法 坂梨秀子著 160元
24. 認識妳的身體 李玉瓊譯 160元
25. 產後恢復苗條體態 居理安・芙萊喬著 200元
26. 正確護髮美容法 山崎伊久江著 180元
27. 安琪拉美姿養生學 安琪拉蘭斯博瑞著 180元
28. 女體性醫學剖析 增田豐著 220元
29. 懷孕與生產剖析 岡部綾子著 180元
30. 斷奶後的健康育兒 東城百合子著 220元
31. 引出孩子幹勁的責罵藝術 多湖輝著 170元
32. 培養孩子獨立的藝術 多湖輝著 170元
33. 子宮肌瘤與卵巢囊腫 陳秀琳編著 180元
34. 下半身減肥法 納他夏・史達賓著 180元
35. 女性自然美容法 吳雅菁編著 180元

36. 再也不發胖	池園悅太郎著	170元
37. 生男生女控制術	中垣勝裕著	220元
38. 使妳的肌膚更亮麗	楊　皓編著	170元
39. 臉部輪廓變美	芝崎義夫著	180元
40. 斑點、皺紋自己治療	高須克彌著	180元
41. 面皰自己治療	伊藤雄康著	180元
42. 隨心所欲瘦身冥想法	原久子著	180元
43. 胎兒革命	鈴木丈織著	180元
44. NS磁氣平衡法塑造窈窕奇蹟	古屋和江著	180元
45. 享瘦從腳開始	山田陽子著	180元
46. 小改變瘦4公斤	宮本裕子著	180元
47. 軟管減肥瘦身	高橋輝男著	180元
48. 海藻精神秘美容法	劉名揚編著	180元
49. 肌膚保養與脫毛	鈴木真理著	180元
50. 10天減肥3公斤	彤雲編輯組	180元
51. 穿出自己的品味	西村玲子著	280元
52. 小孩髮型設計	李芳黛譯	250元

·青春天地·電腦編號17

1. A血型與星座	柯素娥編譯	160元
2. B血型與星座	柯素娥編譯	160元
3. O血型與星座	柯素娥編譯	160元
4. AB血型與星座	柯素娥編譯	120元
5. 青春期性教室	呂貴嵐編譯	130元
7. 難解數學破題	宋釗宜編譯	130元
9. 小論文寫作秘訣	林顯茂編譯	120元
11. 中學生野外遊戲	熊谷康編著	120元
12. 恐怖極短篇	柯素娥編譯	130元
13. 恐怖夜話	小毛驢編譯	130元
14. 恐怖幽默短篇	小毛驢編譯	120元
15. 黑色幽默短篇	小毛驢編譯	120元
16. 靈異怪談	小毛驢編譯	130元
17. 錯覺遊戲	小毛驢編著	130元
18. 整人遊戲	小毛驢編著	150元
19. 有趣的超常識	柯素娥編譯	130元
20. 哦！原來如此	林慶旺編譯	130元
21. 趣味競賽100種	劉名揚編譯	120元
22. 數學謎題入門	宋釗宜編譯	150元
23. 數學謎題解析	宋釗宜編譯	150元
24. 透視男女心理	林慶旺編譯	120元
25. 少女情懷的自白	李桂蘭編譯	120元
26. 由兄弟姊妹看命運	李玉瓊編譯	130元
27. 趣味的科學魔術	林慶旺編譯	150元

28. 趣味的心理實驗室　李燕玲編譯　150 元
29. 愛與性心理測驗　小毛驢編譯　130 元
30. 刑案推理解謎　小毛驢編譯　180 元
31. 偵探常識推理　小毛驢編譯　180 元
32. 偵探常識解謎　小毛驢編譯　130 元
33. 偵探推理遊戲　小毛驢編譯　180 元
34. 趣味的超魔術　廖玉山編著　150 元
35. 趣味的珍奇發明　柯素娥編著　150 元
36. 登山用具與技巧　陳瑞菊編著　150 元
37. 性的漫談　蘇燕謀編著　180 元
38. 無的漫談　蘇燕謀編著　180 元
39. 黑色漫談　蘇燕謀編著　180 元
40. 白色漫談　蘇燕謀編著　180 元

・健康天地・電腦編號 18

1. 壓力的預防與治療　柯素娥編譯　130 元
2. 超科學氣的魔力　柯素娥編譯　130 元
3. 尿療法治病的神奇　中尾良一著　130 元
4. 鐵證如山的尿療法奇蹟　廖玉山譯　120 元
5. 一日斷食健康法　葉慈容編譯　150 元
6. 胃部強健法　陳炳崑譯　120 元
7. 癌症早期檢查法　廖松濤譯　160 元
8. 老人痴呆症防止法　柯素娥編譯　130 元
9. 松葉汁健康飲料　陳麗芬編譯　130 元
10. 揉肚臍健康法　永井秋夫著　150 元
11. 過勞死、猝死的預防　卓秀貞編譯　130 元
12. 高血壓治療與飲食　藤山順豐著　180 元
13. 老人看護指南　柯素娥編譯　150 元
14. 美容外科淺談　楊啟宏著　150 元
15. 美容外科新境界　楊啟宏著　150 元
16. 鹽是天然的醫生　西英司郎著　140 元
17. 年輕十歲不是夢　梁瑞麟譯　200 元
18. 茶料理治百病　桑野和民著　180 元
19. 綠茶治病寶典　桑野和民著　150 元
20. 杜仲茶養顏減肥法　西田博著　150 元
21. 蜂膠驚人療效　瀨長良三郎著　180 元
22. 蜂膠治百病　瀨長良三郎著　180 元
23. 醫藥與生活㈠　鄭炳全著　180 元
24. 鈣長生寶典　落合敏著　180 元
25. 大蒜長生寶典　木下繁太郎著　160 元
26. 居家自我健康檢查　石川恭三著　160 元
27. 永恆的健康人生　李秀鈴譯　200 元
28. 大豆卵磷脂長生寶典　劉雪卿譯　150 元

29. 芳香療法	梁艾琳譯	160元
30. 醋長生寶典	柯素娥譯	180元
31. 從星座透視健康	席拉・吉蒂斯著	180元
32. 愉悅自在保健學	野本二士夫著	160元
33. 裸睡健康法	丸山淳士等著	160元
34. 糖尿病預防與治療	藤田順豐著	180元
35. 維他命長生寶典	菅原明子著	180元
36. 維他命C新效果	鐘文訓編	150元
37. 手、腳病理按摩	堤芳朗著	160元
38. AIDS瞭解與預防	彼得塔歇爾著	180元
39. 甲殼質殼聚糖健康法	沈永嘉譯	160元
40. 神經痛預防與治療	木下真男著	160元
41. 室內身體鍛鍊法	陳炳崑編著	160元
42. 吃出健康藥膳	劉大器編著	180元
43. 自我指壓術	蘇燕謀編著	160元
44. 紅蘿蔔汁斷食療法	李玉瓊編著	150元
45. 洗心術健康秘法	竺翠萍編譯	170元
46. 枇杷葉健康療法	柯素娥編譯	180元
47. 抗衰血癒	楊啟宏著	180元
48. 與癌搏鬥記	逸見政孝著	180元
49. 冬蟲夏草長生寶典	高橋義博著	170元
50. 痔瘡・大腸疾病先端療法	宮島伸宜著	180元
51. 膠布治癒頑固慢性病	加瀨建造著	180元
52. 芝麻神奇健康法	小林貞作著	170元
53. 香煙能防止癡呆？	高田明和著	180元
54. 穀菜食治癌療法	佐藤成志著	180元
55. 貼藥健康法	松原英多著	180元
56. 克服癌症調和道呼吸法	帶津良一著	180元
57. B型肝炎預防與治療	野村喜重郎著	180元
58. 青春永駐養生導引術	早島正雄著	180元
59. 改變呼吸法創造健康	原久子著	180元
60. 荷爾蒙平衡養生秘訣	出村博著	180元
61. 水美肌健康法	井戶勝富著	170元
62. 認識食物掌握健康	廖梅珠編著	170元
63. 痛風劇痛消除法	鈴木吉彥著	180元
64. 酸莖菌驚人療效	上田明彥著	180元
65. 大豆卵磷脂治現代病	神津健一著	200元
66. 時辰療法—危險時刻凌晨4時	呂建強等著	180元
67. 自然治癒力提升法	帶津良一著	180元
68. 巧妙的氣保健法	藤平墨子著	180元
69. 治癒C型肝炎	熊田博光著	180元
70. 肝臟病預防與治療	劉名揚編著	180元
71. 腰痛平衡療法	荒井政信著	180元
72. 根治多汗症、狐臭	稻葉益巳著	220元

國家圖書館出版品預行編目資料

一天10分鐘的健康太極拳／麻生秋子著；劉小惠譯
——初版—臺北市，大展，民89
面；21公分—（家庭醫學保健；59）
ISBN 957-557-983-6（平裝）
1. 太極拳
528.972　　　　89000726

1天10分鐘的健康太極拳

ISBN 957-557-983-6

著　　者／麻生秋子
譯　　者／劉 小 惠
發 行 人／蔡 森 明
出 版 者／大展出版社有限公司
社　　址／台北市北投區（石牌）致遠一路2段12巷1號
電　　話／(02) 28236031・28236033
傳　　真／(02) 28272069
郵政劃撥／01669551
登 記 證／局版臺業字第2171號
承 印 者／國順圖書印刷公司
裝　　訂／嶸興裝訂有限公司
排 版 者／千兵企業有限公司
初版1刷／2000年（民89年）3 月

定　價／250元

大展好書 好書大展